図解

「できる人」は
数字に強い！

武器になる会社の数字

監修 税理士法人 アイタックス

はじめに

会社の数字が分かると、仕事がだんぜん面白くなります。なぜなら、数字が仕事の本質や全体像を映し出してくれるからです。

社内にはさまざまな部署があり、仕事の内容も千差万別。しかし、どんな仕事も数字を抜きにしては語れません。仕事の内容によって扱う数字はまったく異なりますが、それらの数字はすべて会社の最終的な目標である利益に結びつきます。そしてその利益があるからこそ、会社が成り立ち、仕事が継続します。いわば数字はいろいろな部署をつなぎ、全体を見渡す鍵となるのです。

本書では、会社の数字、決算書、経営分析の3つの大きな内容に分け、ビジネスパーソンならぜひとも身につけておきたい数字の基本を、知識ゼロからでも分かるように、やさしく図解入りで解説しました。

売上、費用、利益などの誰もが使う数字はもちろん、在庫や原価計算などライバルに一歩差をつけるための数字も理解しておけば、なぜ自分はこの仕事をしているのか、レベルアップするためには何が必要かということが分かってきます。さらに会社だけでなく世の中の数字も深く理解できるように経済の超基本知識も解説しています。

本書が、会社の数字を知る第一歩となり、仕事が面白くなるきっかけとなれば、それに優る幸いはありません。

CONTENTS

Chapter 02 仕事に応用が効く会社の数字

Chapter 04 仕事から財テクまで活用できる経営分析

Chapter 05 仕事をサポートする経済学の超基本

Chapter
01

仕事の基本が分かる
会社の数字

01 会社の数字がビジネスの鍵となる

数字によって客観性が生まれる

会社にとって最大の目的である儲けはもちろんのこと、仕事の状況や結果、目標などはすべて数字で表されます。数字によって、仕事を客観的に理解し、さまざまな判断や分析ができるようになるのです。

主観的な報告　　　客観的な報告

ビジネスシーンでは数字を使うことが常識です。数字のない報告は主観的になってしまい、正確さや信頼性に欠けてしまいます。

☑計数感覚を磨く

数字によって会社の活動を理解する力を計数感覚といいます。計数感覚は会社の数字から全体像や問題の本質をとらえる力であり、ビジネスマンにとって必須の能力といえるでしょう。

どの部署でも数字の管理が必要

会社のどんな部署・業務でも数字は不可欠です。売上に密接に関わる営業部はもちろん、経理部、総務部、開発部などあらゆる場所で数字での管理が必要になります。そこでその数字が何を意味し、儲けにどうつながるのかを理解しなくてはならないのです。

数字は資金提供の判断材料となる

会社に資金を提供する株主や銀行にとっても、会社の数字は重要です。提供した資金が、儲けを生み出すように適正に使われているかどうかを分析し、資金提供の可否を判断しなくてはなりません。そのとき、出資者などに向けて会社の資産や儲けなどの数字を客観的な材料として提供するのが**決算書**（→P78）です。

企業に出資する株主や、お金を貸す銀行にとって、会社の数字が客観的に表された決算書はなくてはならないもの。

02 会社の数字は会計を通して明らかになる

会計は数字をまとめるルール

会社の数字は、会社内部の人にも、株主など外部の人にも重要なものです。そのため誰もが分かるように一定のルールや方法に基づき、その会社の数字を明らかにする必要があります。そのルールや方法のことを**会計**といいます。

対外向けの財務会計と内部向けの管理会計

会計は、**財務会計**と**管理会計**の2つに大きく分けることができます。財務会計は決算書（→P78）によって、株主などに会社の数字に関する情報を伝えることを目的としています。管理会計は、会社内部で使用し、会社の方向性などを決定するために使われます。

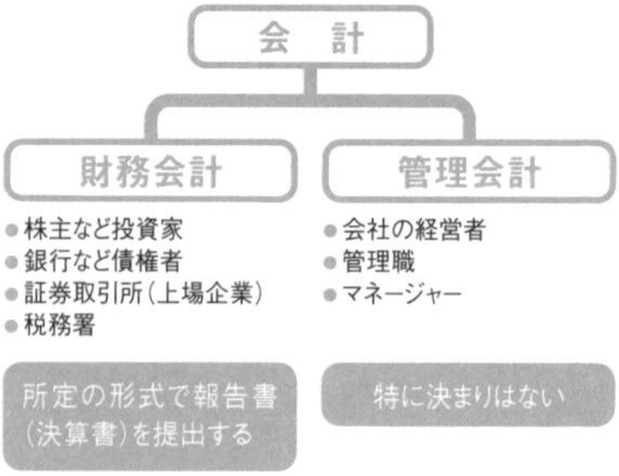

決算で会社の成績が明らかになる

会計のルールに基づき記録した会社の数字を一定期間ごとにとりまとめることを**決算**といいます。決算は、その期間の売上や儲けなどが明らかになる成績表といえます。会社の成績がよければ経営者・社員の収入アップにつながり、出資者も配当が得られるなどのメリットがあります。決算は多くの人の利害に影響を与えるのです。

会計期間と決算

決算の期間を**会計期間（会計年度）**といい、数字をとりまとめる会計期間の最終日を**決算日**といいます。決算は1年に1度以上行うことが決められています。

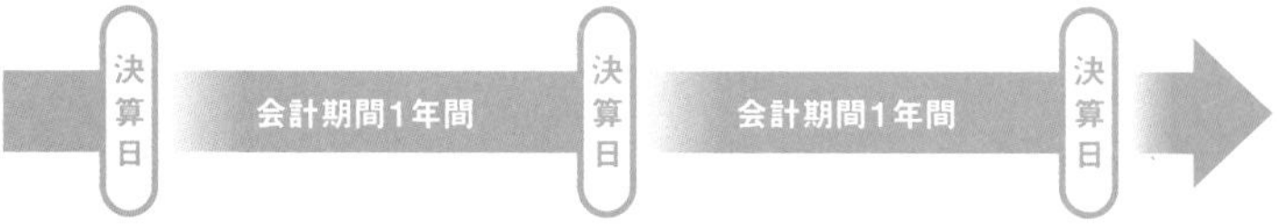

決算日はいつでもよいことになっていますが、上場会社では国の決算に合わせるなどの理由で3月決算としている会社が多いです。決算の月を決算月といい、その末日が決算日になります。

財務会計では決算日までの売上をもとに会社の成績を判断します。ある売上が当期分か、来期分かによって決算での成績が変わってくるため、ビジネスパーソンにとって決算日を意識することは非常に大切です。

決算は最低1年ごとに行われますが、中間決算として半年ごとに行ったり、四半期決算として3ヵ月ごとに行う場合もあります。

03 売上をあげることが儲けを生み出す第一歩

売上は事業の成果を表す

売上とは、商品やサービスを販売することで得られるお金のことです。またそのお金の合計金額を**売上高**といいます。売上高は、その会社が提供する商品・サービスがどのぐらい必要とされたかを表すバロメータであり、会社の事業の成果を示す重要な数字なのです。

☑売上高と収益

会社が得る収入は売上高だけではありません。普通預金や定期預金からの利息収入や所有する株の配当金、所有していた土地の売却益など本業以外の収入もあります。売上高にこうした本業外の収入を含めたものを収益といいます。

定款《ていかん》とは会社の目的や基本規則が書かれた文書のことです。

売上高は単価と数量で決まる

商品やサービスの価値を金額で表したものを**価格**といい、商品・サービス1つごとの価格を**単価**といいます。売上高はその商品・サービスが何度提供されたかで決まります。

売上高の計算方法

売上高は以下の式によって計算できます。

売上高 ＝ 単価 × 数量

売上高をアップする戦略

会社にとって売上高を高めることが最大の課題となります。売上高を高める戦略は大きく4つに分けることができます。

❶単価アップ・数量ダウン

商品のブランド力を高め高級感を演出し、実用的価値以上に単価をアップさせます。

❷単価アップ・数量そのまま

実用的な商品価値を高めることで、単価をアップさせます。

❸単価ダウン・数量アップ

セット販売など低価格で提供して販売数量をアップさせます。

❹単価そのまま・数量アップ

販売地域の拡大、効果的な宣伝など客を増やす工夫を行います。

売上アップが営業の仕事です。会社の売上目標に従い、自社の商品・サービスをより多く売ることが任務です。

04 売上高を左右する計上のタイミングと売上変動

取引は発生主義で計上する

会社が行う取引を帳簿に記録することを**計上**といいます。取引の計上は、現金の授受とは関係なく、その取引が発生した時点で行う**発生主義**という考え方に基づいて行われます。さらに売上は確実性と客観性を高めるため、発生主義の一種である**実現主義**がとられます。

売上は実現主義で計上する

売上は、取引の相手が商品を受け取った時点、つまり売上が実際に実現した時点で計上されます。これを実現主義といいます。計上するタイミングは①**出荷基準**、②**引渡基準**、③**検収基準**に分けられます。どの基準を使うかは会社が自由に決め、後はその基準を継続して使うことが求められます。

例 3月末決算の会社が3月31日に大口の注文を受けました。商品はその日のうちに発送、翌日に商品が取引先に到着、当日検収も終わりました。このとき売上が当期になるか来期になるかは計上の基準によって異なります。

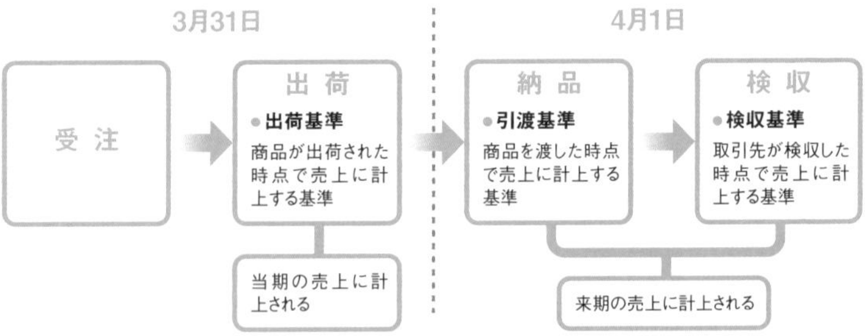

このように計上のタイミングによってその年度の売上が変化します。売上高を左右し会社の成績に影響を与えるため、自社の計上のタイミングをおさえておきましょう。

1年間の売上変動

売上はさまざまな要因で変動しています。年間の売上の増減を季節変動といい、そのタイミングは業種や商品によって異なります。

売上のあがらないニッパチの法則

2月と8月は、業種に関わらず売上が落ちる月とされ、俗に「ニッパチ」といわれています。それぞれ以下のような原因が考えられています。

2月

- 28日間しかなく営業日が少ない
- 年末年始で消費者の出費がかさみ、2月に出費を抑える
- 寒さで客足が遠のく

8月

- お盆休みで営業日が少なくなる
- 暑さで客足が遠のく

そのほかの売上変動要因

ニッパチのほかにも、さまざまな売上の変動要因が考えられます。主に以下のようなものがあります。自社の売上がいつ増え、いつ減るのかをおさえておきましょう。

- **商品の旬**……食べ物や飲み物には旬の時期があり、その時期は売上が増える
- **ボーナス**……ボーナスが出る6月や12月は売上が増える
- **連休**………会社や工場が稼働しないため売上が減る

季節変動を取り除いた売上の変化をつかみたいときは前年同月比で比較する方法があります。

前年同月比(%)
＝(当期当該月売上 −前期同月売上)÷ 前期同月売上 ×100

季節商品は天候なども考慮して、売り損じ（商品不足により販売機会を逃すこと）に注意しましょう。

05 売上をあげるには必ず費用が必要になる

費用は売上に直結すべきもの

費用とは、会社が収益、とりわけ売上をあげるために使うお金のことです。会社はさまざまな費用を使いますが、基本的にそれらはすべて売上をあげることにつながらなくてはなりません。

1日の仕事と費用

毎日の仕事の1つひとつにも当然費用がかかります。社員が効率的な費用の使い方を意識することで、会社の成績も向上していきます。

☑コストとは

主に費用のことで、特に企業が収益をあげるための経費をいいます。ただし、費用の中でも特に商品の仕入などにかかる売上原価（→P23）を指していう場合があります。どちらの意味で使われているか注意しましょう。

費用は4つに分けられる

費用はできるだけ低く抑える必要があります。どこに無駄があるかを発見し、効率的に削減を進めるために費用を**売上原価・販売費及び一般管理費・営業外費用・法人税等**の4つに大きく分類しています。

費用

売上原価

売上のもとになる商品・サービスを手に入れるためにかかった費用のことです。（→P24）

販売費及び一般管理費

販売費とは、広告宣伝費や営業部員の人件費など商品を販売するためにかかった費用のこと。一般管理費とは、総務部の人件費や事務所の家賃など会社の管理にかかわる費用です。（→P26）

営業外費用

会社の本業以外で発生した費用。代表的なものに銀行からの借入金に対する利息の支払があります。（→P114）

法人税等

国や地方自治体に支払う税金です。（→P115）

※その年度にだけ発生する特別な費用を特別損失（→P115）といいます。

☑会社にかかる税金

「法人税等」に含まれるものは、法人税、法人住民税、法人事業税、地方法人特別税です。これらは主に法人税法上の所得（会社の利益に近いもの）に対して課せられるものです。このほか固定資産税、自動車税などは租税公課という勘定科目（→P26）として販売費及び一般管理費に含まれます。

06 売上原価は仕入・製造にかかった費用

売上原価には2種類ある

売上原価には**仕入原価**と**製造原価**があります。仕入原価は、販売業における売上原価のことで、商品の仕入にかかった費用のこと。製造原価は、製造業における売上原価で、製品を作るのにかかった費用のことです。

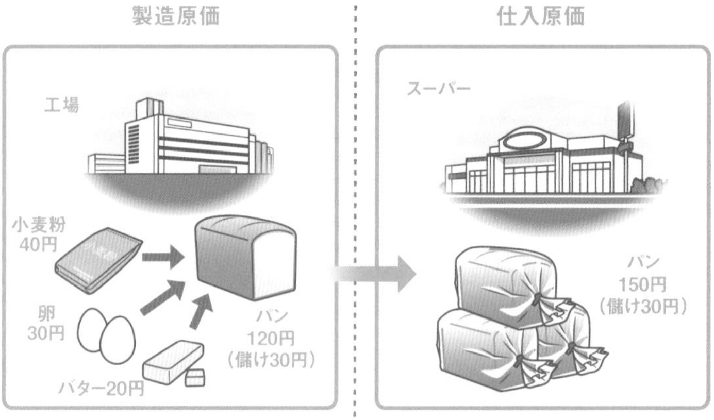

商品（パン）の製造原価は90円。これに30円の儲けを加えて120円で販売

商品（パン）の仕入原価は120円（工場の販売価格）。儲けを加えて150円で販売

※仕入れてそのまま販売するものを「商品」、作ったり加工したりして販売するものを「製品」といいます。

仕入原価の要素

仕入原価には、商品そのものの購入費用のほかに、商品の送料や保管料も含まれています（付随費用）。

製造原価の三要素

製造原価は、原材料の購入にかかった費用である**材料費**、工場で働く人の人件費である**労務費**、工場家賃や電力費、水道光熱費などの**経費**の3つに分けることができます。この3つを**製造原価の三要素**といいます。

直接費と間接費

製造原価は、**直接費**と**間接費**に分けることもできます。直接費とは、例えば原材料費のように個々の製品にいくら使われたかがはっきりとする費用のことです。間接費は電気代のように個々の製品にいくら使われたかがはっきりしない費用です。製造原価の三要素である材料費、労務費、経費もそれぞれ直接費と間接費に分類されます。直接費・間接費の厳密な区分けは難しく、会社によって分類が異なります。

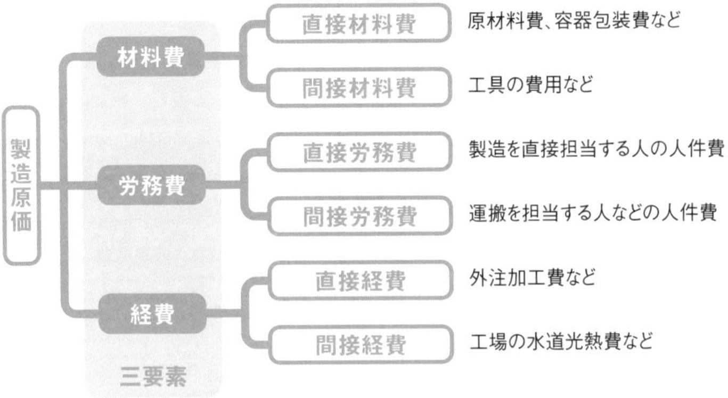

07
会社の活動を支える販売費及び一般管理費

販管費は本業を支える費用

販売費及び一般管理費は、会社の商品を販売するための、営業活動や管理活動に使われた費用のことです。省略して**販管費**とも呼ばれます。

販売費及び一般管理費にはどんなものがあるか

販売費及び一般管理費にはさまざまな費用が含まれます。販売費と一般管理費に分けることもありますが、実務上では総額で計上することがほとんどです。

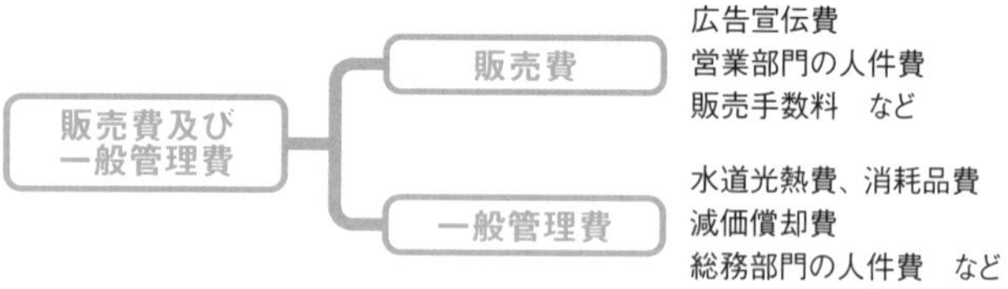

販売費及び一般管理費の割合

販売費は、製造業で0.5～1割、販売業で1～2割。また一般管理費は販売業、製造業ともに1～2割といわれています。

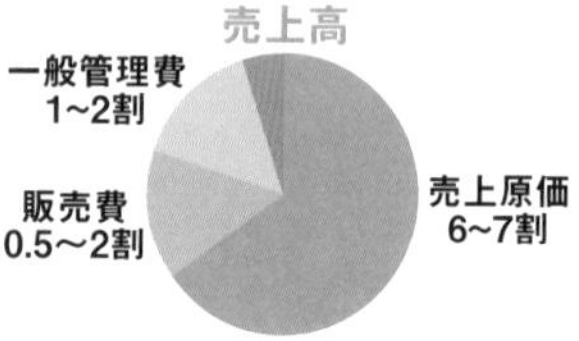

勘定科目とは

帳簿に取引を記録するときの項目のこと。上記にあげた広告宣伝費や人件費、通信費、水道光熱費などはすべて勘定科目にあたります。

☑費用と資産の違い

売上をあげるために必要なものは費用のほかに資産があります。例えば100万円を給料として支払えば費用として計上されますが、同じ額でパソコンを購入すれば基本的に資産として計上されます。この違いは、いつの売上をあげるために使われたのかという点にあります。当期の売上をあげるために使われたのであれば費用で、来期以降の売上のために使われるものは資産となります。

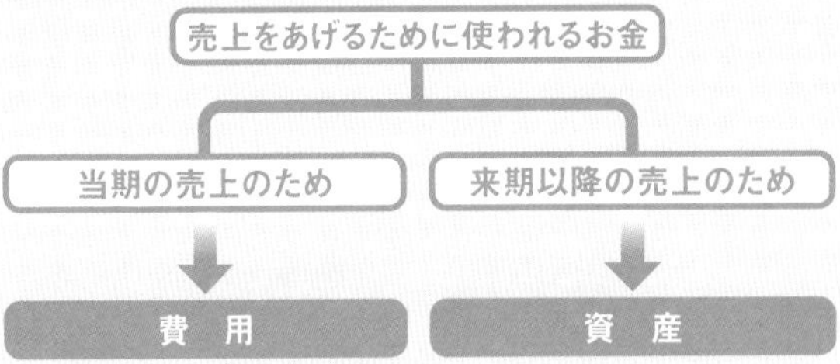

※ただし実務上は、使用可能な期間が1年以上で、価格が10万円以上のものは資産、それ以外は費用として計上されます。

08 経費の精算はビジネスの基本

経費は会社が認めた販管費

仕事では経費という言葉がよく使われます。経費は幅広く費用のことを指しますが、「経費で落ちる」「経費で落とす」などと使うときは主に販売費及び一般管理費のことを意味しています。「経費で落ちる」とは使ったお金が販売費及び一般管理費の勘定科目として会社に認められるということです。

経費精算とその流れ

業務上の支出としてお金を支払うとき、事前に会社から仮払いを受けたり、自分のお金で立て替えたりします。こうした場合、社員が提出した領収書をもとに会社が後から経費分を精算します。これを**経費精算**といいます。

経費精算の流れ

領収書の提出 → 経理担当者による確認・判断
→ 経費精算可：販管費として計上され、該当金額が社員に支払われる
→ 経費精算不可：販管費として計上できず、社員にお金は支払われない

経費で落とすには

❶経費の発生を示す客観的事実＝領収書が必要
❷会社のルールに基づいた費用であること

経費で落ちると

❶経費が増えると会社の利益が減る
❷税務上の経費として認められると税金が減る

☑経費にならないもの

私物の購入や飲み会の費用は経費では落ちません。また経費として認められるものでも、予算オーバーの場合や、領収書にあて名や但し書き、日付が抜けている場合は経費で落とせないこともあります。

損金と経費の違い

経費と同じように使われる言葉に**損金**があります。損金とは、税務上経費として認められる費用のことです。会社が経費と認めても、税務署が経費と認めないもの、つまり損金とならないものがあります。

損金算入と不算入

損金として認められることを、**損金算入**といい、損金として認められないことを**損金不算入**といいます。また限度額内までは損金算入が可能で、それを超えると損金とならない経費もあります。

交際費の損金算入限度額

交際費は、会社の資本金額によって限度額が決められており、損金算入の可否によって、最終的な利益が変わります。

交際費に入るもの

- 取引先との飲食代など接待費用
- 取引先とのゴルフなど慰安費用
- 取引先への香典など慶弔費用 など

資本金	年限度額
1億円超	0円（交際費は損金処理不可） ※ただし接待飲食費の50%に相当するまでの金額や1人あたり5000円以下の飲食費は損金処理可
1億円以下	800万円（事業年度が1年未満の場合は月割）か、接待飲食費の50%に相当するまでの金額

※個人事業主は交際費を全額損金処理可能（ただし客観的に業務と直接の関係を持ち、かつ業務遂行上必要なものに限る）。

損金算入・不算入によって利益が変わる

例 90万円の商品（仕入値70万円）の売上をあげるため、取引先にゴルフ接待（交際費5万円）した場合。税率は50%とします。

交際費が損金として認められると…（損金算入）

税引前の利益 ＝ 売上 －（仕入値 ＋ 交際費）
税　　金 ＝ 税引前利益 × 50%
税引後の利益 ＝ 税引前の利益 － 税金

→ 利益 7.5万円

交際費が損金として認められないと…（損金不算入）

税引前の利益 ＝ 売上 － 仕入値
税　　金 ＝ 税引前利益 × 50%
税引後の利益 ＝ 税引前の利益 －（税金 ＋ 交際費）

→ 利益 5万円

09 給料だけが人件費ではない

給与明細から人件費を確認する

生活に直接関わる人件費も、販売費及び一般管理費に含まれる場合があります。その内訳を把握しておきましょう。

基本給と手当が人件費として会社の費用になる

給料は基本給とさまざまな手当からなりますが、これらは会社にとって人件費にあたります。また各種の社会保険料のうち、社員負担分は給与から差し引かれます。

給与明細例

支給	基本給 ❶	職務給	役職手当	資格手当	❹
	200,000	10,000	0	0	
	時間外手当 ❷	住宅手当	通勤手当 ❸	家族手当	総支給額
	40,000	15,000	8,000	0	273,000
控除	❺ 健康保険	介護保険	厚生年金	雇用保険	
	13609	0	21,795	1,365	
	❻ 所得税	住民税	組合費	財形貯蓄 ❼	控除合計
	7,000	6,000	1,500	5,000	56,269
勤怠	出勤日数	欠勤日数	有休消化日数	有休残日数	
	21	0	0	10	
	遅刻回数	早退回数	超過時間		
	0	0	0		
合計					差引総支給額
					216,731

会社から受け取るもの（支給）

❶基本給…給料の源泉
❷時間外手当…定められた勤務時間外の労働に対して支払われる手当
❸通勤手当…自宅と会社の往復にかかった交通費に対する手当
❹そのほかの手当…それぞれの会社が独自で定める手当

給料から差し引かれるもの（控除）

❺社会保険料…法律で定められている各種社会保険料
❻税金…国や地方自治体に納める税金
❼そのほかの控除…会社や個人ごとの控除

給料に含まれない人件費

人件費は、給料（基本給+諸手当）だけではありません。次のようなものも人件費に含まれています。

法定福利費

法律上で定められている福利厚生に関する費用で主に社会保険料です。健康保険料・介護保険料・厚生年金保険料・雇用保険料は会社と社員がそれぞれ決められた額を負担します。労災保険は会社が全額負担します。

福利厚生費

社員が働く環境を整えるために会社が支出する費用です。社宅や社員食堂にかかる費用や、会社主催の忘年会費、定期健診の費用、社員への結婚・出産祝い、見舞金などの慶弔費があります。

そのほかの人件費

臨時の給与として支払われる賞与や、社員の退職金に備えて積み立てておく退職金積立があります。

人件費の内訳のグラフ

1人にかかる人件費のうち、基本給以外の部分が約34%を占めています。左ページの給与明細例のように基本給が20万円であるなら、実際には約30万円が人件費としてかかっているといえるでしょう。

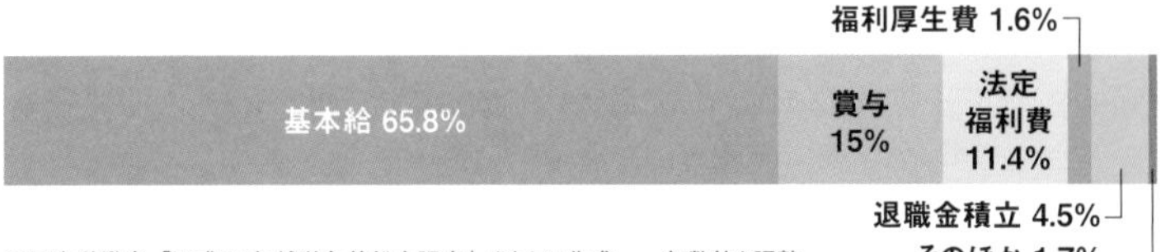

※厚生労働省「平成28年就労条件総合調査」をもとに作成。一部数値を調整。

10 会社が目指すものは利益の最大化

利益は売上から費用を引いたもの

利益とは、会社の儲けのことで、売上から費用を引いたものになります。なお、マイナスの場合は**損失**といいます。

会社は利益の最大化を目指す

売上を高め、費用を抑えることで利益を増やすことができます。しかし、売上を高めようとすれば費用は増えてしまいます。また費用を抑えすぎると、商品の質が落ち、売上が減るかもしれません。両方のバランスを見て、利益を最大化していくことが大切なのです。

利益 ＝ 売上 − 費用

売上：増やすと利益が増える
費用：減らすと利益が増える

売上アップと費用削減を同時に実現することは難しいのでバランスが大切

利益のおおもととなる粗利益

粗利益（粗利）とは、売上高から仕入原価を差し引いた利益のことです。利益は、発生する段階によって何種類かに分類されますが、粗利益はそれらの利益のおおもとになる大変重要なものです。

粗利益 ＝ 売上高 − 売上原価

粗利益：すべての利益のおおもとになるもの

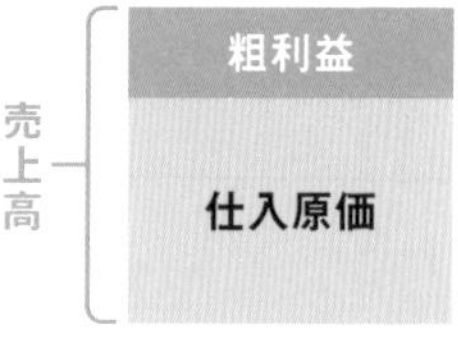

投資と回収を繰り返して利益を生む

売上を生むために費用を使うことを**投資**といいます。また実際に商品を販売してお金を得ることを**回収**といいます。会社は投資した金額以上のお金を回収することで利益を生んでいるのです。なお借入や出資（会社に資金を提供すること）によってお金を集めることを**調達**といいます。

投資	商品の仕入、製造、販売にお金を使うこと。お金は費用（または資産）となる
回収	商品を販売してお金を回収すること。投資した金額より大きな金額を回収することで利益が生まれる
調達	借入や出資によってお金を集めること

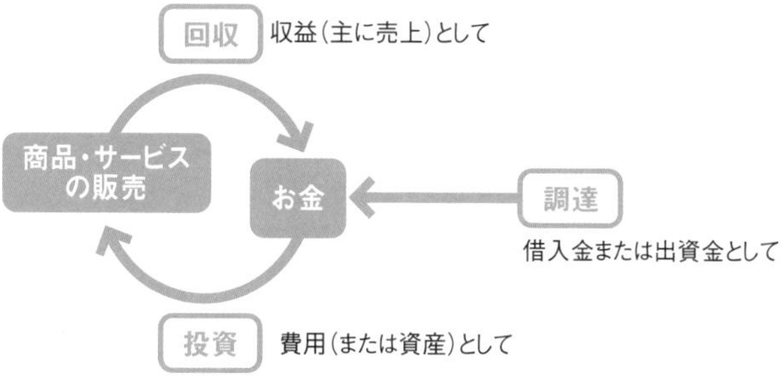

11 会社は付加価値を作って利益を生み出す

事業活動を通じて付加価値を作る

会社の事業活動を通じて、もとの物よりも高められた価値のことを**付加価値**といいます。付加価値を作ることで、投資した金額以上のお金を回収すれば、利益を生み出すことができます。

販売業の付加価値は利便性の提供

販売業は、商品を仕入れてそのまま販売しており、付加価値を生んでいないように見えます。しかし販売業はさまざまな商品を1つの場所で購入できるという利便性を提供することなどで付加価値を生み出しています。

スーパーなどの販売業がなければ、例えばパンとジュースがほしいと思ったとき、パン工場、ジュース工場に出向いて購入する必要があります。

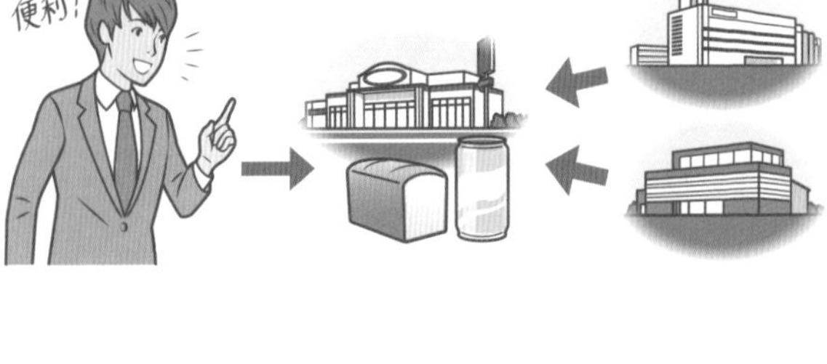

販売業の店舗に行けば、さまざまな商品を必要な量だけ購入できます。この利便性が販売業の付加価値です。

製造業の付加価値は新しい製品を生み出すこと

製造業は、さまざまな材料などを加工して新しく製品を作ることで、付加価値を生み出しています。

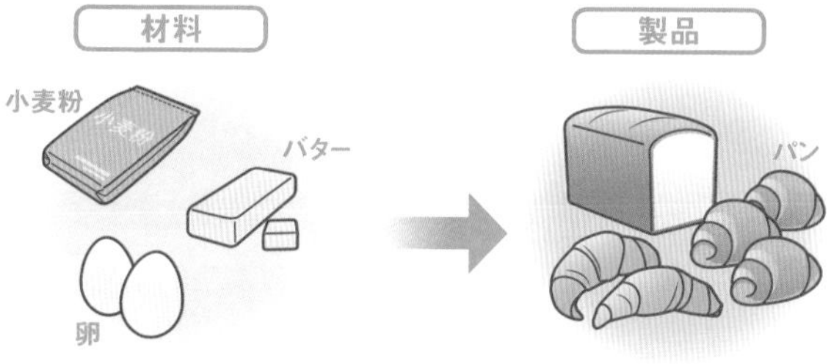

付加価値の計算方法

付加価値は、売上高から外部購入費用を差し引くことで計算できます。外部購入費用とは、会社が外部から購入した商品やサービスの金額であり、販売業と製造業では異なります。

付加価値 ＝ 売上高 − 外部購入費用

販売業の付加価値

販売業にとって外部購入費用は仕入原価です。したがって販売業の付加価値は粗利益と同じになります。

付加価値 ＝ 粗利益 ＝ 売上高 − 仕入原価

製造業の付加価値

製造業の外部購入費用は材料費（買入部品なども含む）と外注加工費です。売上高から材料費と外注加工費を差し引くと加工高になります。製造業の付加価値は加工高です。

付加価値 ＝ 加工高＝ 売上高 −（ 材料費 ＋ 外注加工費 ）

12 会社間の信用取引は信頼関係に基づいている

信用取引は安全で効率的

会社同士の取引は、商品を先に受け渡し、代金の支払は後から銀行振込などで行います。こうした取引は会社間の信頼関係に基づいて行われるため、**信用取引**といわれます。大量の現金をその場でやりとりする必要がなく、安全で効率的な取引が可能です。

信用取引の流れ

信用取引では、商品の引き渡し以降に販売側が購入側に請求書を発送します。購入側はその請求書に基づいて後日代金の支払を行います。

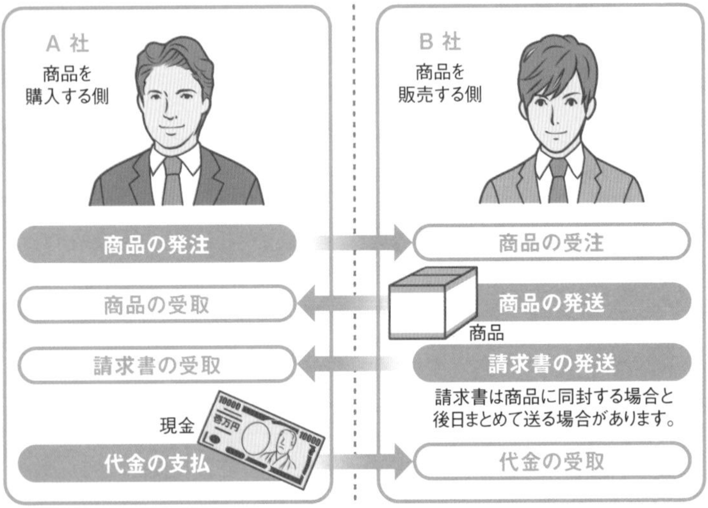

信用取引では売掛金と買掛金が発生

信用取引の場合、商品の受け渡しから、代金の決済まで時間がかかります。この間に生じるのが売掛金と買掛金です。

売掛金は営業上の未収金

商品を販売する側は商品を引き渡した時点で売上になり、購入した側から代金を受け取る権利が生じます。このような商品販売によって生じた営業上の未収金を**売掛金**といいます。

買掛金は営業上の未払金

商品を購入する側は、商品を受け取った時点で販売する側に代金を支払う義務が生じ、営業上の未払金が発生します。この未払金を**買掛金**といいます。

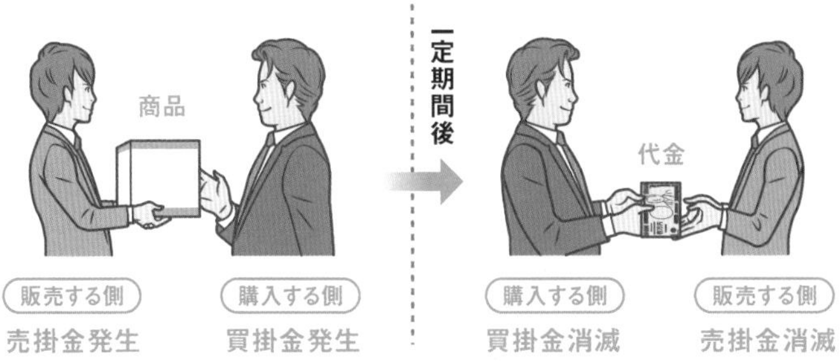

商品の受け渡しから代金の授受が行われるまでの間、販売側には売掛金が、購入側には買掛金が生じます。売掛金は代金の回収が終わった時点で、買掛金は支払が終わった時点で消滅します。

☑ 支払サイトとは

請求書を受け取って、実際に代金の支払を終えるまでの期間を支払サイトといいます。毎月末日に請求書をまとめ、翌月の末日に支払う場合、「月末締め、翌月末払い」となります。この場合、支払までの期間は30日ですので30日サイトです。支払サイトは、購入側には長いほうが、販売側にとっては短いほうが有利です。

13 小切手による支払で多額の現金が不要になる

小切手は現金と同じ価値を持つ

商品代金の支払には現金や銀行振込のほかに**小切手**や**約束手形**（→P40）も使われます。小切手とは、現金の代わりになる有価証券のことで、受け取った側はすぐに現金化することができます。小切手で支払うことを**振出**《ふりだし》といい、振出を行った会社を振出人といいます。

小切手のメリットとデメリット

メリット

- 多額の現金を用意しなくても支払ができる（当座預金に残高がある場合）

デメリット

- 受取人が取引先以外の他人でも現金化ができる（盗難などに注意）
- 原則、振出日を含め11日以内に換金される（当座預金に残高が必要）

小切手の例

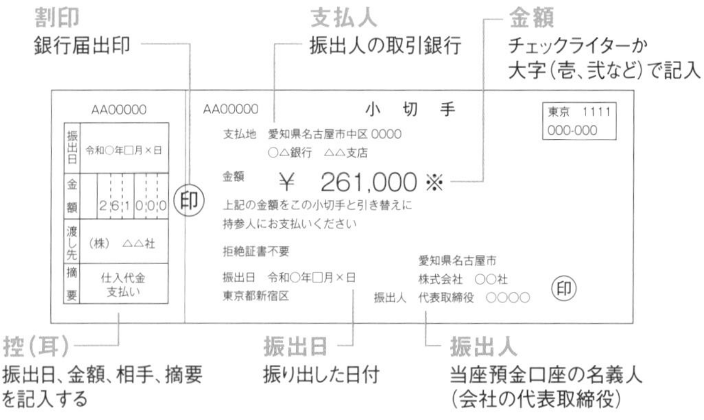

当座預金で小切手の決済を行う

小切手や約束手形による代金決済を行うには**当座預金**が必要です。当座預金を開設すると小切手帳が発行され、小切手が使えるようになります。小切手に記載された金額は当座預金から引き落とされます。

小切手の現金化まで

小切手を現金化するために銀行に見せることを**呈示**《ていじ》といいます。呈示は、原則的には支払銀行（振出人の取引銀行）に行う必要がありますが、実際には自社の取引銀行を通じて行います。これを**取立**といいます。

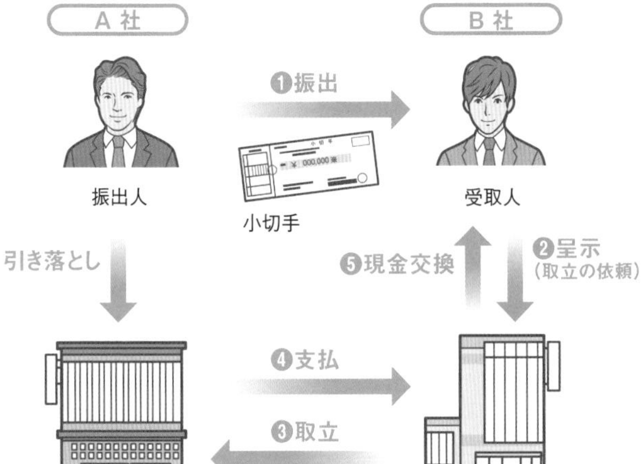

☑線引小切手とは

表面に平行線が引かれた小切手で、この小切手を受け取った支払銀行は直接取引のある人か、取引を依頼された銀行にしか支払を行ってはいけません。そのため誰に支払われたのか特定することができ、不正行為を防ぐことができます。

14 約束手形で支払を先延ばしする

約束手形で将来の支払を約束する

約束手形とは指定された期日に代金の支払を約束する有価証券で、支払を先延ばしにすることができます。受け取った側は支払期日まで現金化できません。なお約束手形を受け取った側は**受取手形**といい、振り出した側は**支払手形**といいます。

約束手形と小切手の違い

約束手形

指定された支払期日（通常振り出した日から1～6ヵ月後）を含め、3営業日以内に現金化

↓

振出日に残高がなくても期日までに確実に入手できるなら、振り出すことができる

小切手

振出日を含めて11日以内に現金化

↓

振出日に支払金額分の残高があることが前提

約束手形の例

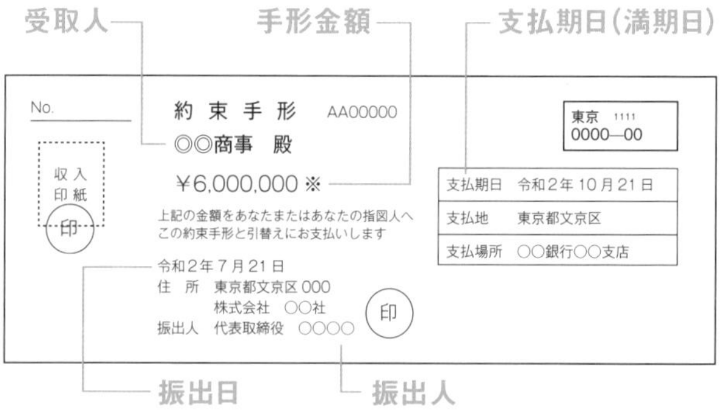

手形は取引先や銀行に譲渡できる

受取手形は、ほかの取引先への支払代金として、支払期日前に現金の代わりに譲渡することができます（**手形の譲渡**）。また取引銀行に譲渡して現金化することもできます（**手形の割引**）。

手形の譲渡は裏書によって行われる

手形を譲渡するときは、手形の裏面に設けられた記入欄に署名捺印します。これを手形の**裏書**《うらがき》といい、裏書された手形を**裏書手形**といいます。譲渡された会社は、さらにほかの取引先へ譲渡することもできます。万一もとの振出人が支払不能になった場合は、裏書人に支払義務が発生します。

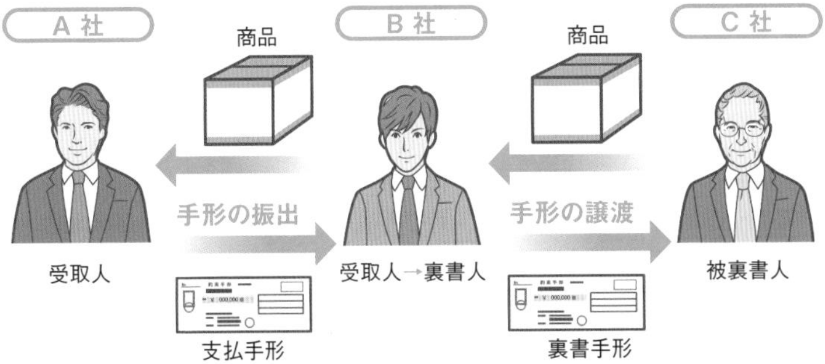

手形の割引で期日前の現金化が可能

手形を支払期日前に銀行に譲渡して、現金化することができます。このとき支払期日までの利息分が差し引かれ、額面金額よりも少ない額を受け取るため、これを手形の割引といいます。近年はインターネット上で手形の振出が可能な電子手形があり、割引による現金化が迅速に行えます。

☑ 不渡《ふわたり》と取引停止

手形や小切手による現金化の際、振出人の当座預金が1円でも不足していると支払ができません。これを不渡といい、不渡を起こすと会社の信用を大きく損ねてしまいます。また不渡を6ヵ月間に2回以上出すと、銀行取引停止処分となり、その会社は事実上倒産してしまいます。

15 資金繰りは運転資金を確保する重要な仕事

売上と現金サイクルには差がある

資金繰りとは、現金の出金と入金のサイクルを管理して、運転資金に不足が起きないようにすることです。信用取引の場合、売上があがっていても現金があるとは限りません。その違いをとらえ、資金繰りの重要性をおさえましょう。

信用取引によって入金のタイミングが後送りされる

会社の売上は、相手に商品を引き渡した時点で計上する実現主義（→P20）です。一方で、現金は信用取引（→P36）によって、商品の引き渡しよりも1ヵ月以上遅れて入金されることも珍しくありません。信用取引が増えれば、現金入金のタイミングはどんどん後送りされてしまいます。このタイムラグによって、帳簿上は売上があがり利益が生まれていても、現金がない状態が発生することもあります。

例 1月10日の200万円の売上（利益80万円）を2月28日に全額受取手形（4月28日支払期日）で受け取った場合。

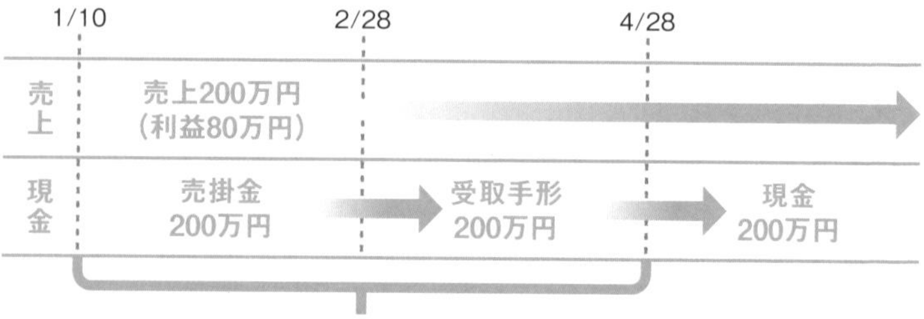

この間80万円の利益が出ているにもかかわらず現金は1円も入ってきません。
新たな仕入ができないばかりでなく、大きな支払があれば、黒字倒産の可能性も…。

↓

資金繰りによって現金を管理する必要がある

資金繰りは現金の回収を管理する

資金繰りの基本は、現金不足が起きないように現金の回収を管理することと、現金不足が起きそうなときに具体的な対策を練ることです。

売上から現金入金までの期間を短くする

売上から現金入金までの期間をできるだけ短くすることで現金不足を避けられます（支払サイトの短縮）。

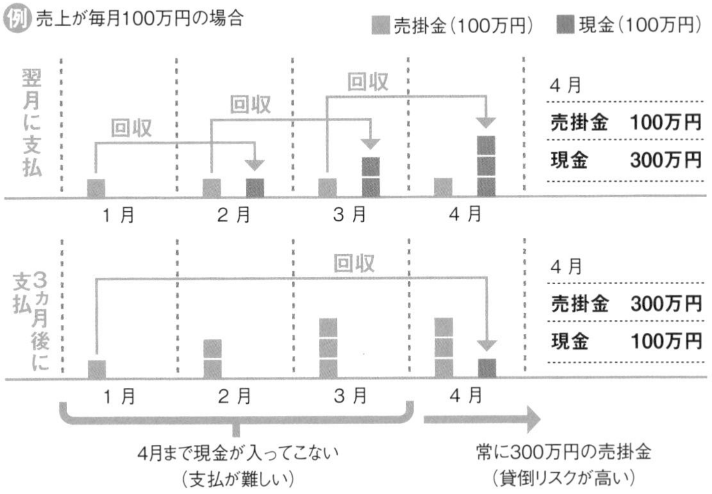

現金不足を起こさないために

- 売掛金はできるだけ短い期間で回収する
- 手形での代金受取はできるだけ避ける

現金不足が起きそうなときは

- 銀行からの借入
- 受取手形の割引 （→P41）
- 売掛金の早期回収 ベスト

16 減価償却で資産をバランスよく費用に変える

減価償却で売上と費用を一致

減価償却とは、建物や設備など長期間使用される固定資産（→P94）を、使っただけ価値が減ったと考えて、その分一定期間に費用を配分することです。減価償却によって費用とそれに対応する売上を一致させることができます。

減価償却で損益を適正化する

固定資産を購入年度にすべて費用とすると、その年度だけ大きな費用がかかる反面、次の年度以降は費用ゼロで売上があがってしまいます。こうしたアンバランスを是正するために減価償却があるのです。

例 100万円の車を購入し、その車で毎年30万円の売上があがる場合

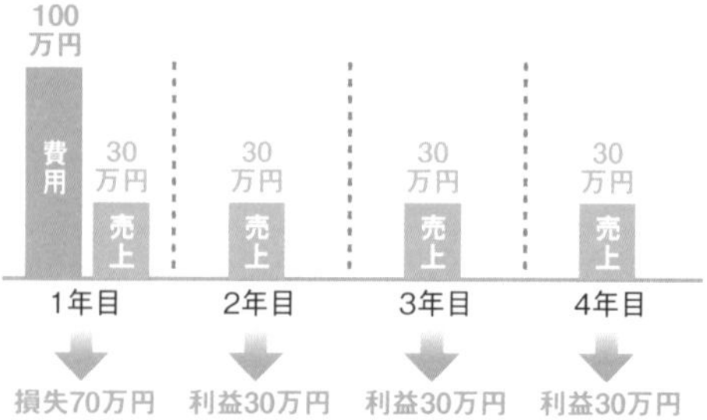

減価償却がない場合

減価償却がなければ、購入の初年度のみ、費用が計上されます。これでは、高価な固定資産を購入するたびに会社は赤字になってしまいます。

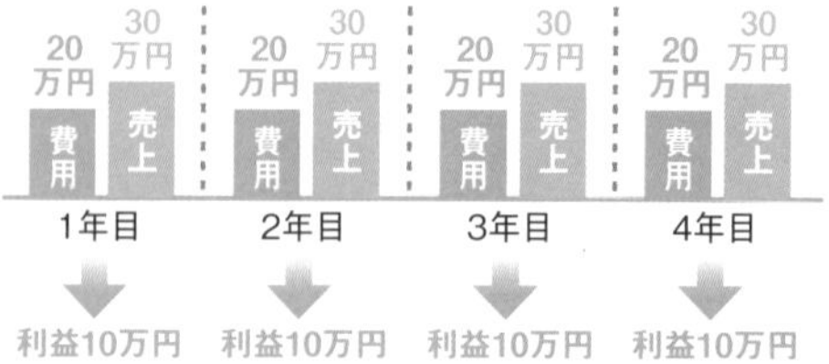

減価償却した場合

減価償却により損益を適正に表すことができます。

減価償却は定額法か定率法を使う

減価償却は、固定資産ごとに決められた期間（法定耐用年数）で費用を計上していくことになっています。その計算方法には**定額法**と**定率法**があります。

定額法なら減価償却費は毎年同じ

減価償却費を毎年均等に配分する方法です。減価償却額は毎年同じになります。

例 取得価額100万円、耐用年数10年の固定資産の場合

100万円 ÷ 10 ＝ 10万円

1年目〜 9年目は毎年10万円の減価償却費
10年目は9万9999円（1円の評価額を残します）

定率法なら減価償却費は年とともに減少

各耐用年数に応じた償却率を、償却後の残高に乗じて計算します。はじめの年ほど減価償却費は大きく、年とともに減少します。

例 取得価額100万円、耐用年数10年の固定資産の場合
※耐用年数10年の償却率は0.2

1年目 100万円 × 0.2 ＝ 20万円
2年目 （100万円 － 20万円）× 0.2 ＝ 16万円

3年目	4年目	5年目	6年目	7年目	8年目	9年目	10年目
12万 8000円	10万 2400円	8万 1920円	6万 5536円	6万 5536円	6万 5536円	6万 5536円	6万 5535円

※償却保証額を下回ると、以降は定額法と同じ計算になります。
（上記例の場合は、7年目以降）

17 リースは費用削減につながるか

高価な設備はリースを利用

リースとは、会社が必要とする高額な機器や設備を、購入する代わりに、リース料を支払って借りることです。設備の購入をリース会社が行い、それを独占的に借りることができます。
一見レンタルと違いがないように思えますが、レンタルに比べて期間が長い、中途解約ができない、保守・管理が借り手負担である、などの違いがあります。

リースの仕組み

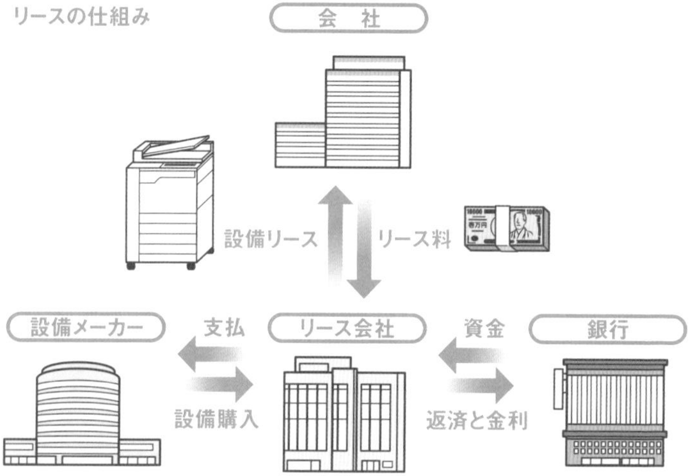

ファイナンスリースとオペレーティングリース

2018年まではリース契約を購入に近い**ファイナンスリース**と貸出に近い**オペレーティングリース**に分けていましたが、2019年に制度が改められ、ファイナンスリースに近い形式に一本化されました。

リースは資金準備が不要

リースでは、設備の代金と金利に加えてリース会社への手数料なども支払うので、最終的には購入より割高になる場合がほとんどです。しかし、資金の準備が不要、手続きが簡素などのメリットがあります。

リースと購入の違い

リースにはさまざまなメリットがあります。これらのメリットは資金力がない会社ほど生かすことができます。

リース	購入
❶資金準備	
多額の資金を借入金で準備する必要がない。担保が不要で審査も比較的簡単	多額の資金が必要。銀行からの借入であれば担保や審査などの手続きも必要
❷手続き	
リース全額を経費として処理することができるので事務手続きの簡素化につながる	減価償却費、固定資産税、保険料、金利などさまざまな費用を個別に計上しなくてはならない
❸資金の固定化	
多額の資金を一度に使わないので、余剰資金をほかの費用に活用できる	大量の資金が資産に形を変え、ほかの用途に使えなくなる。現金化することができない（資金の固定化→P94）
❹節税効果	
法定耐用年数よりも短い期間でリース期間を設定可。減価償却費以上の額を費用とできるため節税効果がある	法定耐用年数に応じて減価償却が行われる

☑オフバランス効果

オペレーティングリースは貸借対照表に記載されず、利用すれば総資産利益率が上がりました（オフバランス効果）が、新基準では全てのリースを記載するので、その効果は失われました。

Column 01

社会保険料は何の役に立つ?

社会保険料は会社員の生活や将来に欠かせない

会社員の給与からは税金などの様々な支払いが差し引かれますが（→P30）、その中でも社会保険料は大きな割合を占めます。社会保険料には健康保険、厚生年金保険、雇用保険、介護保険の4つがあり、どれも会社員の生活や将来に欠かせないものです。内容を確認しておきましょう。

健康保険

病気やケガをしたときに、その治療の給付を 3割の自己負担額で受けることのできる保険。

厚生年金保険

老後の年金を支える老齢年金や、障害を受けた場合の障害年金、遺族のための遺族年金を支給するための保険。

雇用保険

失業などにより離職した場合の失業給付や教育訓練給付金などを受け取るための保険。

介護保険

公的介護サービスを受け取るための保険。40～65歳まで保険金を支払います。

健康保険と厚生年金の保険料は標準報酬月額と標準賞与額という、給与額と賞与額をそれぞれきりのよい数字に直した金額をもとに、規定の保険料率をかけて算出され、その半額が社員の負担額になります。

会社自らが運営する健康保険組合があり、給付や負担割合も独自に決められている場合があります。

Chapter
02

仕事がぐっと面白くなる会社の数字

01 労働分配率と付加価値生産性で人件費を分析する

労働分配率は社員への還元度

会社が作り出した付加価値（→P34）をどれだけ人件費に回しているかを判断する指標が**労働分配率**です。労働分配率が高いほど社員へ利益を還元しているといえます。

労働分配率を計算して適正な人件費を割り出す

労働分配率は人件費の総額を付加価値で割ることで求められます。

労働分配率（%）＝ 人件費の総額 ÷ 付加価値 × 100

労働分配率が高い

- 社員に対して多くの利益を分配している
- 社員の士気が上がり、優秀な人材が集まりやすい

労働分配率が低い

- 社員に対して利益の分配が低い
- 社員の士気が下がり、優秀な人材が流出しやすい

労働分配率が高すぎる場合

利益に見合わない人件費を負担しているということです。人件費は主に固定費（→P66）ですので、不景気などにより売上が減り付加価値が下がっても、一定額を負担し続けなくてはなりません。労働分配率はバランスを保つことが大切です。

業種ごとの平均労働分配率

業種	労働分配率
製造業	47.8%
情報通信業	55.8%
卸売業	48.6%
小売業	49.3%
飲食サービス業	64.9%

労働分配率は業種によって異なります。業界の平均値を確認しましょう。

※「2019年経済産業省企業活動基本調査」より

付加価値生産性は社員の貢献度

付加価値生産性（労働生産性） は、従業員1人あたりどの程度の付加価値を作り出しているかを見る指標です。付加価値生産性が高いほど少ない人数で高い付加価値を作り出しているといえます。

付加価値生産性で会社の利益効率を診断

付加価値生産性は付加価値を従業員数で割ることで求められます。

付加価値生産性（円）＝付加価値 ÷ 従業員数

業種ごとの平均付加価値生産性

（単位：万円）

業種	付加価値生産性
製造業	1,170.0
情報通信業	1,039.9
卸売業	1,091.0
小売業	498.9
飲食サービス業	242.7

付加価値生産性は業界や業種ごとに大きく異なります。業界の平均値と比べて自社の付加価値生産性の高低を判断してみましょう。

※「2019年経済産業省企業活動基本調査」より

付加価値生産性低下の原因をつかむ

付加価値生産性の計算式の分母と分子を売上高で割ることによって、付加価値生産性は付加価値率と1人あたりの売上高によって決まることが分かります。付加価値生産性が低下している場合は、付加価値率の低下もしくは1人あたりの売上高の低下が原因であると考えられます。

$$\text{付加価値生産性（円）} = \frac{\text{付加価値}}{\text{売上高}} \times \frac{\text{売上高}}{\text{従業員数}}$$

$$= \text{付加価値率} \times \text{1人あたりの売上高}$$

付加価値生産性低下
- 付加価値率が低下 … 開発部門や製造部門の努力が必要
- 1人あたりの売上高が低下 … 営業部門の努力が必要

02 利益を左右する歩留まりと在庫

不良品の発生は利益を下げる

製品に不良品があると、費用がかかったにもかかわらず、販売できないため利益を下げてしまいます。品質管理を徹底して不良品を少しでもなくす努力が必要です。

歩留まりが低いと利益を圧迫する

歩留《ぶど》まりとは、生産したすべての製品中の、正常な製品の割合のことです。正常な製品が多ければ「歩留まりが高い」といい、不良品が多ければ「歩留まりが低い」といいます。歩留まりが低いと利益を圧迫してしまいます。

100個分の製品を生産（全体の原価が10万円の場合）

不良品が5個だった場合

歩留まり…95%
正常品1個あたりの原価…約1053円

↓

歩留まりが高い

不良品が20個だった場合

歩留まり…80%
正常品1個あたりの原価…約1250円

↓

歩留まりが低い

歩減《ぶべり》とは

歩減は原材料に含まれていながら、製品として活用できない部分のことを指します（サンドイッチ用のパンにおけるパンの耳など）。歩減を減らせば歩留まりが向上します。

在庫は必要最低限に抑える

在庫とは、会社が販売するために一時的に保有している商品や製品のことです。在庫は注文に応じて顧客に商品をすぐ渡すために不可欠なものですが、必要以上の在庫は会社にとって大きなマイナスとなります。

在庫にはたくさんの費用がかかる

在庫は売上に結びつく前の商品や製品です。在庫期間が長引くと、売上に先行して下記のような費用が発生し、会社の資金繰りを大きく圧迫することもあります。在庫はしっかり管理して、最低限にすることが大切です。

在庫の管理にともなう費用

- 倉庫の賃貸料
- 倉庫作業者の人件費
- 倉庫の設備費
- 保険料　など

在庫長期化にともなう費用

- 商品の市場での価値が下がる損失
- 商品が傷むことによる損失
- 在庫が現金になるまで、先行する支払いを補う借入金に発生する金利

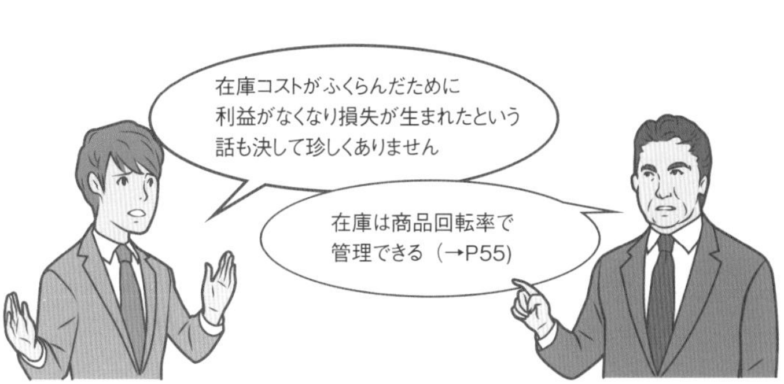

03 在庫管理には棚卸と商品回転率が重要

棚卸高で在庫金額をつかむ

在庫がなくなると欠品が生じ、増えると費用が増大します（→ P53）。適正な在庫量を保つために、まず在庫の数量を調べる**棚卸**を行う必要があります。

棚卸で棚卸高が分かる

棚卸とは、在庫の数を実際に数えることです。棚卸は決算日に行い、その時点での在庫数量に仕入単価をかけて、在庫全体の金額を計算します。この金額を**期末商品棚卸高**といいます。

期末商品棚卸高 ＝ 在庫数量 × 仕入単価

在庫数量：棚卸で数える
仕入単価：先入先出法や総平均法で計算

仕入単価の計算方法で棚卸高が変わる

仕入単価の計算方法には**先入先出法**《さきいれさきだしほう》や**総平均法**などがありますが、どの計算方法を採用するかによって棚卸高が変わってきます。

例 始業時…… 在庫100個　仕入金額は10万円→単価1000円
日中……… 仕入200個　仕入金額は24万円→単価1200円
終業時…… 在庫150個

先入先出法

先に仕入れた商品から販売されたと考える

↓

終業時の在庫は日中に仕入れた単価1200円の商品と考える
1200円 × 150個 ＝ 18万円

棚卸高…18万円

総平均法

一定期間の平均単価で計算する

↓

始業時･日中の在庫と仕入金額から平均単価を求め、終業時在庫の総数にかけて求める
34万円 ÷ 300個 ＝ 約1133円
1333円 × 150個 ＝ 16万9950円

棚卸高…16万円9950円

商品回転率で適正在庫を知る

商品回転率とは、ある期間内に平均在庫の何倍の売上高をあげているかを示す数値です。商品回転率で、適正な在庫量を保っているかどうかが分かります。

商品回転率の求め方

商品回転率を調べることで適正な在庫数を割り出すことができます。

商品回転率（回）＝売上高÷平均在庫金額

平均在庫金額は期首商品棚卸高と期末商品棚卸高を合算して2で割った数字が使われます。なお、期首商品棚卸高は、前期の期末商品棚卸高と同じです。

平均在庫金額（円）＝（期首商品棚卸高＋期末商品棚卸高）÷2

例 1年間の売上高が5000万円で、平均在庫金額が250万円の場合

5000万円 ÷ 250万円 ＝ 20回転

適正値の目安　小売業：年間20回転 ／ 製造業：年間12回転

※適正値は、業種によって異なります。

商品回転率の上昇と低下

商品回転率は売上高もしくは平均在庫の変化によって上下します。売上高アップによる商品回転率の上昇は、それに対応した仕入が行われていないことになり、売り損じ（→P65）を出す可能性もあります。商品回転率は上昇すればよいというものではなく、その原因を確認して対策を立てることが大切です。

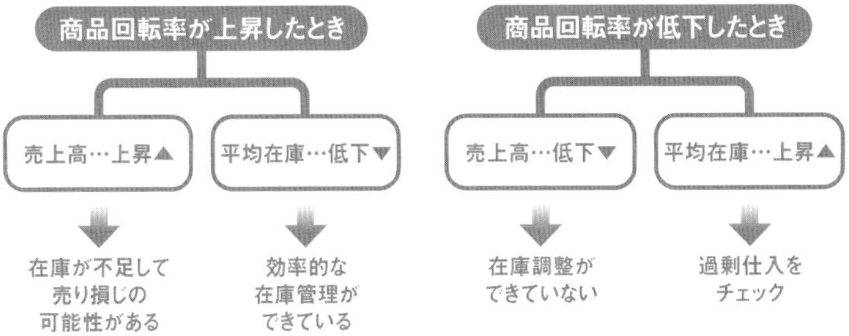

04 ABC分析を使ってより効果的な在庫管理を

重点商品をおさえることが大切

会社が取り扱う商品は、業種によっては数百から数千にのぼることも珍しくありません。その場合、すべての商品の在庫管理を完璧に行おうすると、その労力だけで大きな費用がかかります。売上の高い商品を重点的にチェックすることで、効率のよい在庫管理をしましょう。

全体の2割が重要～パレートの法則

パレートの法則とは、全体の数値のほとんどは、その構成要素の一部から生み出されているという考え方です。商品の売上にあてはめると、売上の8割は全商品のうち2割の商品によって生み出されるということになります。

ABC分析で重点商品を見つける

ABC分析（重点分析）とはパレートの法則に基づいて、全商品を売上高や売上数量の多い順にA、B、Cグループに分ける方法です。在庫管理だけでなく、商品発注や販売管理に使われることもあります。

❶ 全商品を売上高の大きい順に並べる

→ ❷ 上から順に売上高を累計していく

→ ❸ 全体の売上高に対して累計額が70～80%をAグループ、90%までをBグループ、残りをCグループとする

→ ❹ Aグループを、商品回転率などを使って重点的に管理する

例 商品数がア～コまで10品目あり、総売上高が1069万4000円の会社でABC分析を行うと以下のようになります。

（単位：円）

品目	①売上高	②売上高累計	③累積構成比
ア	5,000,000	5,000,000	46.8%
イ	3,000,000	8,000,000	74.8%
ウ	900,000	8,900,000	83.2%
エ	700,000	9,600,000	89.8%
オ	620,000	10,220,000	95.6%
カ	400,000	10,620,000	99.3%
キ	50,000	10,670,000	99.8%
ク	10,000	10,680,000	99.9%
ケ	8,000	10,688,000	99.9%
コ	6,000	10,694,000	100.0%

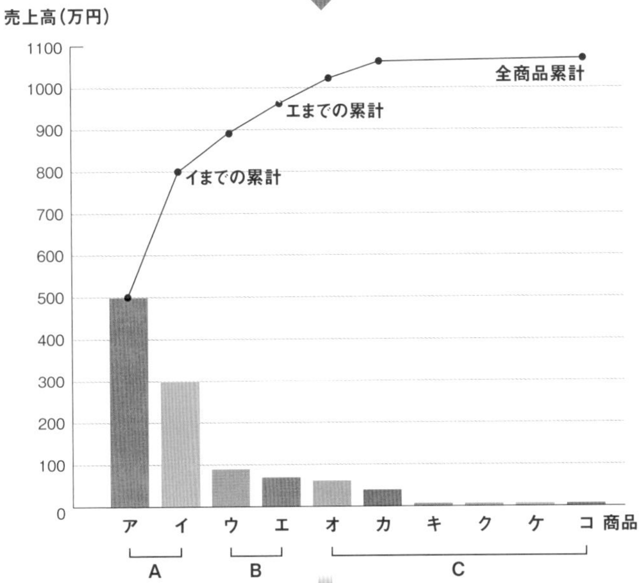

グループA（累積構成比75%まで）…………商品ア・イ
グループB（累積構成比90%まで）…………商品ウ・エ
グループC（上記以外）　…………………商品オ～コ

商品 ア・イ が重点商品

※累積構成比の何割までを各グループに含めるかは、会社の実情に合わせて判断します。

05 薄利多売か厚利少売かを交叉比率から判断する

商品には薄利多売と厚利少売の2タイプがある

利益の大きな商品をたくさん販売することが会社にとって理想です。しかし、実際にそのような商品は少ないため、販売数が少なくても利益の大きな商品を扱うか、利益が少なくてもたくさん販売できる商品を扱うことになります。どちらを扱うかによって、管理するポイントが異なります。

薄利多売の商品は商品回転率が重要

薄利多売とは、利益が薄くてもたくさん販売できる商品を取り扱うことです。仕入れた商品をできるだけ早く、多く販売して資金を回収することが重要になります。商品回転率（→P55）を使って効率よく管理しましょう。

生鮮食料品・日用品など

↓

商品回転率がポイント

厚利少売の商品は利益率が重要

厚利少売とは、大量の販売は見込めないものの利益の厚い商品を取り扱うことです。仕入から販売までの期間が長くなるため、在庫にかかる費用を見込み、そのうえで十分な利益を出す必要があります。そのため厚利少売の商品は、利益率を高く設定するのが基本です。

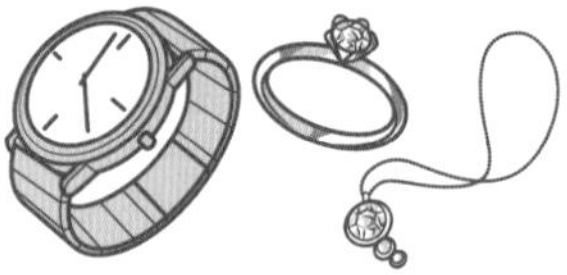

時計・貴金属など

↓

利益率がポイント

利益率（%）＝利益÷価格×100

例 40万円の時計の利益が20万円だった場合
20万円÷40万円×100=50%

交《こう》叉《さ》比《ひ》率《りつ》で商品のタイプを見分ける

商品を販売するときは、回転率を重視すべき商品なのか、利益率を重視すべき商品なのかという商品特性をとらえることが大切です。そのときに役立つのが**交叉比率**です。

交叉比率で効率よく利益を生む商品を見つける

交叉比率とは、商品回転率と利益率を掛け合わせることで、商品がどの程度効率よく利益を生み出しているか見る指標です。

$$\text{交叉比率} = \text{商品回転率} \times \text{利益率}$$

$$= \frac{\text{売上高}}{\text{平均在庫}} \times \frac{\text{利益}}{\text{売上高}} \times 100$$

交叉比率は業種にもよりますが、販売業で200%以上あれば有利な商品といえます。

交叉比率で商品タイプを見分ける

交叉比率をグラフに置き換えることで、商品タイプを見分けることができます。

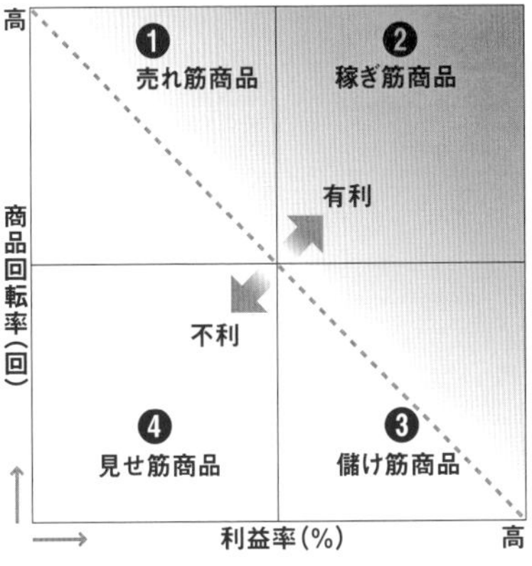

❶売れ筋商品
回転率が高く、利益率は低い薄利多売向きの商品
❷稼ぎ筋商品
回転率・利益率ともに高い理想的な商品
❸儲け筋商品
利益率が高く、回転率が低い厚利少売向きの商品
❹見せ筋商品
回転率・利益率ともに低いが、品揃えとして必要な商品

06
売上原価は当期に売れた分から計算する

売上原価の計算には繰越処理を使う

売上原価（→P24）は売上と費用を対応させるために、当期に売れた商品や製品から計算する必要があります。そこで前期や当期の売れ残りを、それぞれ対応する期の売上原価として調整し直す計算を行います。これを**繰越処理**といいます。

仕入原価の計算方法

仕入原価（→P24）の繰越処理は、前期の売れ残りである期首商品棚卸高、当期に仕入れた商品の金額である当期商品仕入高、そして当期の売れ残りである期末商品棚卸高（→P54）から計算します。

仕入原価 ＝ 期首商品棚卸高 ＋ 当期商品仕入高 － 期末商品棚卸高

例 期首商品棚卸高　1000万円
当期商品仕入高　3000万円
期末商品棚卸高　800万円

↓

1000万円 ＋ 3000万円 － 800万円 ＝ 3200万円

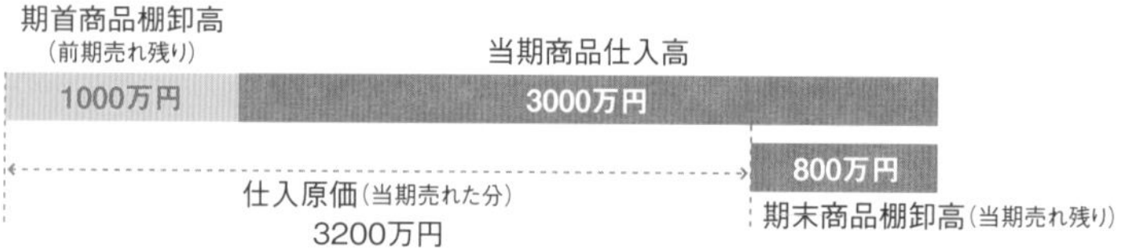

期末商品棚卸高は先入先出法や総平均法など計算方法によって異なり（→ P54）、仕入原価も変わってきます。

製造原価の計算方法

製造原価（→P24）の繰越処理は、完成品だけでなく、原材料や仕掛品（完成前の製品）の在庫についても行います。具体的には、前期の残りと当期に投入した分を合計し、当期の残りを差し引き、当期の売上に使われた分を算出します。

材料・仕掛品の繰越処理の基本

当期前期繰越分 ＋ 当期投入分 － 次期繰越分

製造原価の算出手順は、まず材料費の繰越処理を行い、労務費や経費を合算。さらに仕掛品の繰越処理を行うと、当期の製造にかかった費用である当期製品製造原価が出ます。それをもとに完成品在庫の繰越処理を行うことで当期製造原価が決定します。

当期製造原価

＝期首製品棚卸高＋当期製品製造原価－期末製品棚卸高

↑

材料費　仕掛品　労務費　経費

総合原価計算と個別原価計算

当期製品製造原価の計算にあたって、製造原価の三要素（→P25）である材料費と労務費と経費を合算しますが、その計算方法には大量生産の製品に使われる**総合原価計算**と、受注生産の製品に使われる**個別原価計算**などがあります。

総合原価計算

大量生産は商品ごとの材料費、労務費、経費は同じなので、それぞれの合計額を合算します。

材料費	300万円
労務費	60万円
経費	40万円
合計	400万円

損益計算書に記載

個別原価計算

受注生産は注文内容によって材料費などが変わります。そこで個別の材料費、労務費、経費を合算しておき、合計をまとめます。

材料費	3万円
労務費	1万円
経費	3000円

材料費	2万円
労務費	1万円
経費	2000円

材料費	5万円
労務費	2万円
経費	5000円
合計	7万5000円

損益計算書に記載

07 正しい原価計算で利益を正確に把握する

総原価から利益や価格が決まる

総原価とは、売上原価に経費（販売費及び一般管理費）を加えたものです。総原価から商品1つあたりの原価を算出すれば、販売中の商品1つあたりの利益が分かるほか、価格決定の参考にすることができます。

総原価の計算方法

総原価は、実際に支払った費用を売上原価と経費に分け、次に材料費などの繰越処理を行って計算します。

例 1個200円のケーキを1年間で20万個販売し、支払った費用の総額が3600万円だった場合。

❶費用を支払材料費・支払人件費・支払経費に分ける

支払費用総額 3600万円	支払材料費	2000万円
	支払人件費	1000万円
	支払経費	600万円

❷製造原価と販売費及び一般管理費に分ける

ケーキの製造販売は製造業なので製造原価と販売費及び一般管理費に分けます。

支払材料費	2000万円	支払材料費	2000万円	製造原価
支払人件費	1000万円	支払労務費	600万円	
支払経費	600万円	支払製造経費	400万円	
		支払人件費	400万円	販売費及び一般管理費
		支払経費	200万円	

❸材料費の繰越処理を行う

材料費の繰越処理を行い、当期の材料費を算出します。今回の例では、期首材料棚卸高が150万円、期末材料棚卸高が90万円でした。

当期材料仕入高

期首材料棚卸高　（支払材料費）　期末材料棚卸高

当期材料費 ＝ 150万円 ＋ 2000万円 － 90万円 ＝ 2060万円

	材料費	2060万円	製造原価
	労務費	600万円	製造原価
	製造経費	400万円	製造原価
	人件費	400万円	販売費及び一般管理費
＋	経費	200万円	販売費及び一般管理費
	総原価	3660万円	

※仕掛品や完成品の在庫はないものとします。また、未払いの費用や前払いの費用なども調整する必要がありますが、これもないものとします。

❹ケーキ1個あたりの総原価と利益

1個あたりの総原価　3660万円 ÷ 20万個 ＝ 183円

1個あたりの利益　200円 － 183円 ＝ 17円

繰越処理を行わず、実際に支払った費用から計算すれば1個あたりの利益は20円になり、正しい計算と15%（60万円）もずれが発生します。

08 機会原価で正確なビジネス判断が可能になる

機会原価は得られなかった収入

原価あるいは総原価は、実際に支払った費用のことを指します。それとは反対の原価計算が**機会原価**です。機会原価とは、得る可能性があったにもかかわらず、実際には得ることのできなかった収入の額をいいます。**機会費用**、**機会コスト**などという場合もあります。

機会原価は正確な見極めが必要

ある事業活動のために使われた費用を、仮にほかの事業活動に使っていた場合に得られた収益が機会原価です。選択の際に何が機会原価になりそうかを正確に見極めることが肝心です。

例 ある会社が余剰資金500万円を株式投資したところ、600万円の収益があがりました。もしこのとき500万円で新商品を開発販売、800万円の収益があがったすると…。

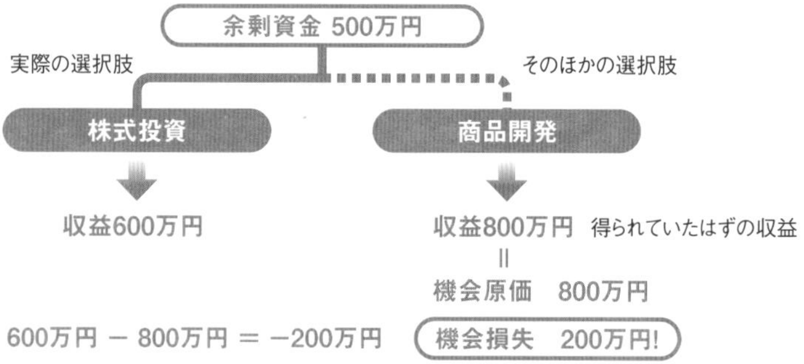

※結果的に損失になる機会原価を機会損失やチャンスロス、利益になるものを機会利益といいます。

商品開発に回していたら800万円の収益があがったのですから、現実の収益600万円から機会原価である800万円を差し引き、200万円の損失と考えるのが機会原価の考え方です。

売り損じは大きな機会損失

ビジネスにおいて最も避けるべきものに売り損じがあります。これも商品があれば、得られていたはずの売上ですので、機会損失にあたります。

例 販売価格400円のケーキを200個仕入れ、当日午前中にすべて売り切れてしまった場合。午後からも同じ数だけ販売できたとします。

400円 × 200個 ＝ 8万円

↓

8万円の機会損失

上記例の場合、「同じ数だけ販売できた」と仮定されていますが、現実にはいくつ売れたか予測することは難しく、そこに売り損じ（機会損失）の怖さがあります。また、これは在庫調整の難しさにもつながります（→P54）。

サンクコストとは

サンクコスト（埋没費用）とは、すでに発生している費用のことです。サンクコストを回収することはできないので、そこにこだわって将来の意思決定に悪影響を与えないようにしましょう。例えば、新商品の開発中にその売れ行きが期待できるものではなく、赤字が明らかになった場合、それまでの開発にどれだけ費用を投資していても、途中で撤退し、将来の大きな損失を防ぐ方が大切です。

09 費用を変動費と固定費に分解する

変動費と固定費の違いをとらえる

会社が支払うさまざまな費用を**固定費**と**変動費**に分けることを**費用分解**といいます。費用分解によって、利益をあげるためのポイントが分かるようになります。まずは変動費と固定費の違いを理解しましょう。

変動費は売上高とともに増減する

売上高や生産高に合わせて増減する費用のことです。代表的なものに販売業の仕入原価があります。売上高が増えれば仕入原価は増加し、売上高が減れば減少します。

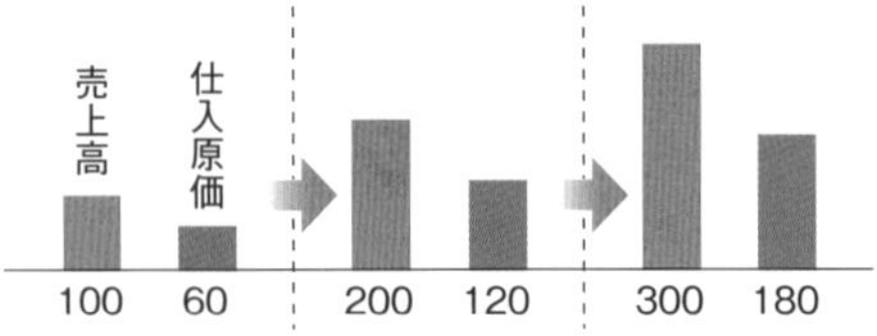

売上高が増えれば仕入原価も増える

主な変動費

製造業	販売業
●材料費	●仕入原価
●外注加工費	●保管料
●燃料費　など	●運送費　など

固定費は必ず一定額が発生する

売上高や生産高の増減に関係なく、ほぼ一定額が発生する費用のことで、変動費以外のほとんどがあてはまります。

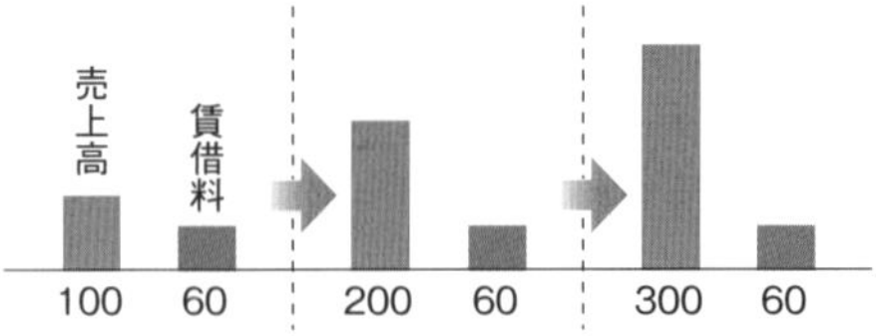

売上高が増えても賃借料は一定

主な固定費

- ●給与手当
- ●広告宣伝費
- ●保険料
- ●賃借料　など

変動費比率と固定費比率

売上高における変動費の割合を**変動費比率**、売上高における固定費の割合を**固定費比率**といいます。

変動費比率（%）＝ 変動費 ÷ 売上高 × 100

変動費は売上高に比例して金額が変動するため、変動費比率は常に一定になります。

例 売上高100万円、仕入原価80万円の商品の場合。

変動費比率＝80万円÷100万円×100=80%

同じ商品が売上高200万円になれば仕入原価160万円。

変動費比率＝160万円÷200万円×100=80%

変動費比率は一定なので、過去の実績から変動費比率が分かれば、売上高から変動費を逆算することができます。

固定費比率（%）＝ 固定費 ÷ 売上高 × 100

固定費は売上高が変化しても一定であるため、売上高が増加すれば固定費比率は小さくなり、売上高が減少すれば固定費比率は大きくなります。

変動費は比率で、固定費は金額で管理することが大切

変動費・固定費それぞれの売上高との関係をグラフに表すと左のようになります。
変動費比率はグラフの傾きで表されます。

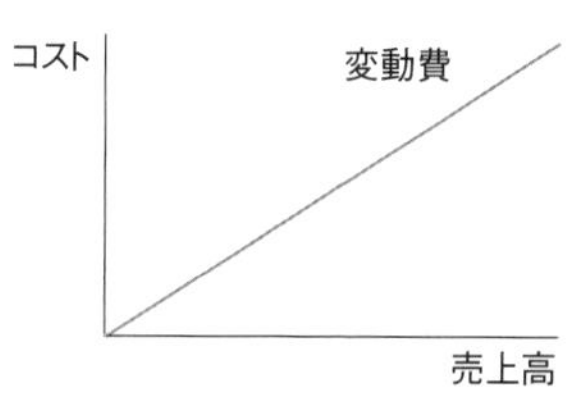

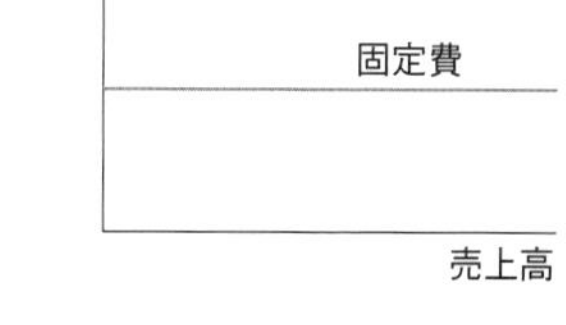

10 粗利益・加工高が利益を生み出す鍵となる

粗利益・加工高と固定費

販売業では粗利益が、製造業では加工高（→P35）が重要になります。それぞれを固定費と比べることで、会社の損益が分かります。

販売業では粗利益が固定費を上回ることが大切

販売業において変動費の大部分は仕入原価です。したがって粗利益（=売上高−仕入原価）に含まれる費用のほとんどは人件費などの固定費です。粗利益が固定費を上回れば利益が生まれ、下回れば損失が発生します。

製造業では加工高が固定費を上回ることが大切

製造業では変動費の大部分は材料費と外注加工費です。したがって加工高（=売上高−材料費−外注加工費）に含まれる費用のほとんどは固定費です。加工高が固定費を上回れば利益が生まれ、下回れば損失が発生します。

売上高の増減と利益への影響

変動費と固定費を合算したものを**総費用**と呼び、売上高から総費用を差し引いたものが利益です。売上高の増減が利益に与える影響を確認しましょう。

売上高の増減と利益率の変化

売上高が増加すると変動費も比例して増加しますが、固定費は一定です。それにより売上高における利益の割合（利益率）も変わります。

例 売上高1000万円の商品A の売上高が10%アップした場合

売上高	1000万円		売上が10%アップ →	売上高	1100万円
－変動費	400万円	総費用		－変動費	440万円
－固定費	300万円	総費用		－固定費	300万円
利益	300万円			利益	360万円

利益が20%アップ

売上高が10%アップ
→ 変動費も10%アップ・固定費は変化せず
→ 利益は20%アップ（利益率が増加）

↓

売上高の伸び率以上に利益が伸びる
逆に売上が減少すると、その減少率以上に利益が減少してしまう

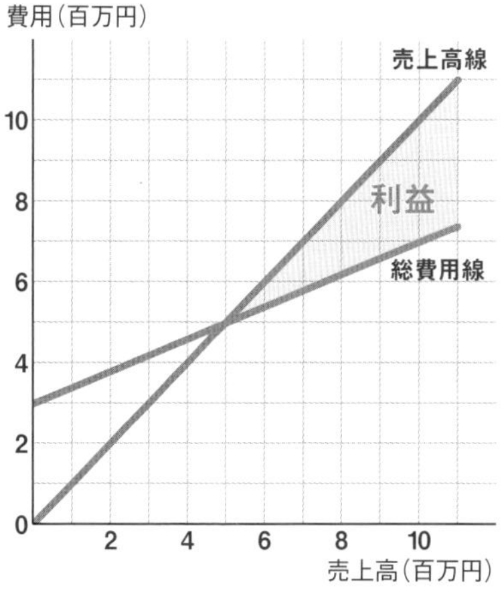

11 限界利益が増えると固定費が回収できる

限界利益は固定費を回収する力

会計では限界という言葉を「1つ追加したとき」「1単位増やしたとき」という意味で使います。**限界利益**は売上が1つ増えたときの利益という意味です。

限界利益が固定費を超えると利益が生まれる

例えば、あるスーパーが80円で仕入れたケーキを100円で販売しているとします。ケーキが1つ売れると100円の売上があがり、その仕入原価（≒変動費）を差し引いた1つ分の利益（限界利益）が20円生まれます。つまり限界利益は売上高から変動費を差し引くことで求められます。

限界利益 ＝ 売上高 － 変動費

ある商品や製品が1個売れると（つまり売上高が1個分増えると）、その分の限界利益が生まれます。それが繰り返され、限界利益が固定費に達したところで、固定費の回収が終わり、その後は利益を生み出していきます。

限界利益と固定費の回収

スーパーの固定費が200円、ケーキの限界利益が20円とすると、ケーキが10個売れたときに固定費の回収が終わり、その後は利益になります。

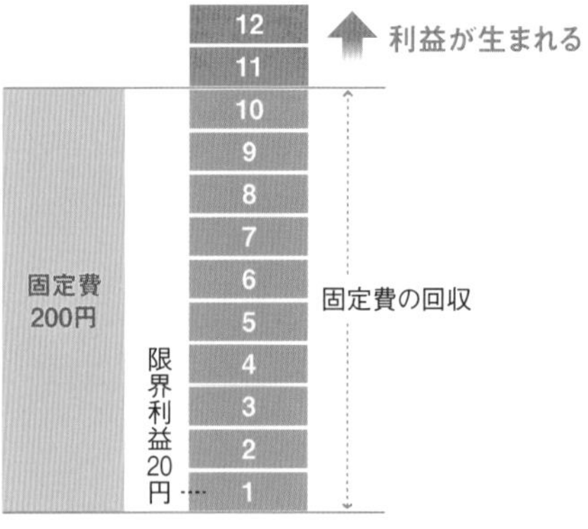

限界利益は粗利益・加工高

売上高から仕入原価を差し引くと粗利益、また売上高から材料費+外注加工費を差し引くと加工高になります。仕入原価、材料費+外注加工費はそれぞれ変動費の大部分を占めているために、商品・製品1つ分で考えると、粗利益・加工高はそれぞれ限界利益とほぼ同じということができます。

販売業 限界利益 ＝ 粗利益 ＝ 売上高 － 仕入原価

製造業 限界利益 ＝ 加工高 ＝ 売上高 －（材料費+外注加工費）

1年間の目標利益を限界利益から考える

1年間に発生する固定費はだいたい確定しています。一方、限界利益は年度の初めにはゼロの状態です。会社が活動して限界利益を1つずつ増やしていくと固定費との差が埋められ、固定費を超えると利益を生み出します。このことから固定費の回収が年度の何日目に終わり、目標利益を生み出す日数がその後何日あるかが分かります。

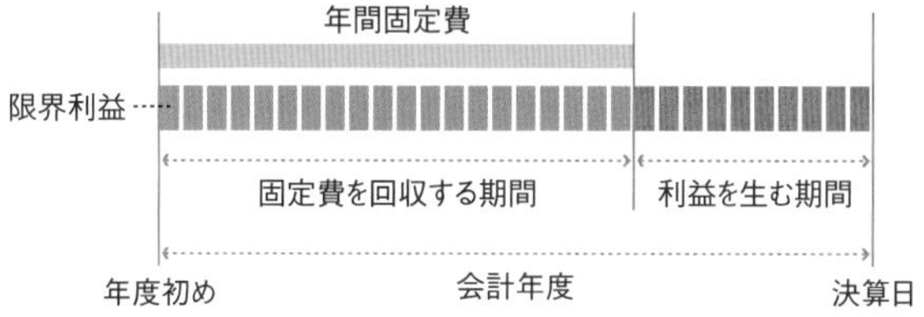

12 損益分岐点売上高で儲けの仕組みが分かる

損益分岐点売上高は損益ゼロ

損益分岐点売上高とは、固定費を回収して、損益がゼロになる売上高のことです。つまり損益分岐点売上高よりも大きな売上高になれば、利益が出て黒字になるということです。

損益分岐点売上高の計算方法

損益がゼロになる売上高は、限界利益によって固定費が回収されたときのもの、つまり限界利益の合計と固定費が等しくなったときの売上高です（→P70）。このことから損益分岐点売上高を求める式を作ることができます。

❶ 限界利益 ＝ 固定費

損益分岐点売上高（損益がゼロの売上高）では①の式が成り立ちます。

❷ 限界利益率 ＝ 限界利益 ÷ 売上高

売上高に占める限界利益の割合を限界利益率として、②の式で表すことができます。

❸ 限界利益 ＝ 売上高 × 限界利益率

②の式から限界利益は売上高に限界利益率をかければ計算できます。

❹ 売上高 × 限界利益率 ＝ 固定費

③の式に①の式をあてはめると④の式になります。

❺ 売上高 ＝ 固定費 ÷ 限界利益率

④の式を変形すると限界利益と固定費が同じになる損益分岐点売上高が分かります。

↓

損益分岐点売上高 ＝ 固定費 ÷ 限界利益率

損益分岐点売上高は固定費と変動費比率から求められる

限界利益率は変動費比率（→P67）が分かれば求めることができます。

❶ **限界利益 ＝ 売上高 － 変動費**

限界利益は売上高から変動費を差し引いて求めます。

❷ $$\frac{\text{限界利益}}{\text{売上高}} = \frac{\text{売上高}}{\text{売上高}} - \frac{\text{変動費}}{\text{売上高}}$$

両辺を売上高で割ります。

❸ **限界利益率 ＝ 1－ 変動費比率**

②の左辺（限界利益÷売上高）は限界利益率を表し、右辺の変動費÷売上高は変動費比率を表します。

この式を前ページの損益分岐点売上高を求める式に代入すると

損益分岐点売上高 ＝ 固定費 ÷（1 － 変動費比率）

例 会社の固定費が3000万円で、また過去の実績から変動費比率が70%であった場合。

損益分岐点売上高＝3000万円÷（1 － 0.7）
＝1億円

また販売業の損益分岐点売上高は、
以下の式でおおよそ計算できます。

損益分岐点売上高 ＝ 固定費 ÷ 粗利益率

※粗利益率＝売上高総利益率（→P148）

☑利益図表

売上高と費用、利益の関係を分かりやすく図表に表したものです。この図表をもとに目標利益や売上高など、さまざまなシミュレーションが可能です。

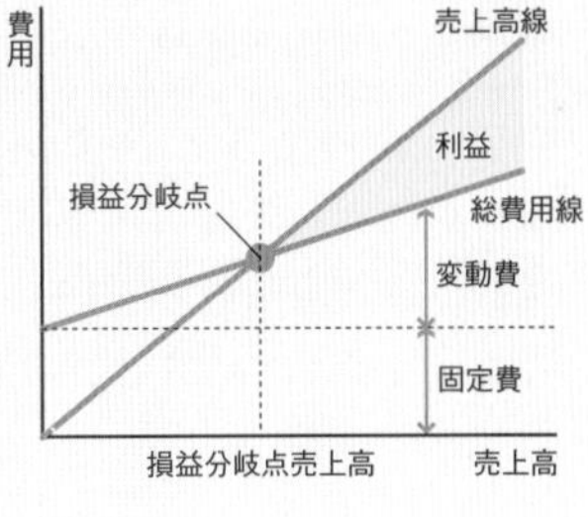

※総費用と売上高が交わる点が損益分岐点であり、その地点の売上が損益分岐点売上高になります。

13 損益分岐点売上高で目標利益が分かる

目標利益に必要な売上高が分かる

損益分岐点売上高を使うことで、目標利益を達成するために必要な売上高（目標売上高）を計算することもできます。

目標売上高をシミュレーションする

目標利益を達成するということは、固定費を回収し、さらにその利益に達するまで限界利益を積み重ねればよいということになります。

目標利益に達する売上高（目標売上高）のとき①の式が成り立ちます。

❶限界利益 ＝ 固定費 ＋ 目標利益

❷目標売上高 × 限界利益率 ＝ 固定費 ＋ 目標利益

限界利益は売上高に限界利益率を乗じたものなので （→ P72）

❸ $$\text{目標売上高} = \frac{\text{固定費}+\text{目標利益}}{\text{限界利益率}} = \frac{\text{固定費}+\text{目標利益}}{1-\text{変動費比率}}$$

例 固定費が3000万円、変動費比率が70%の会社が300万円の目標利益を目指すとき

$$\text{目標売上高} = \frac{3000\text{万円}+300\text{万円}}{1-70\%} = 1\text{億}1000\text{万円}$$

➡ 1億1000万円が目標売上高となります。

☑利益図表と目標利益

目標利益は利益図表でシミュレーションすることもできます。目標利益の分だけ、総費用線が上に移動し、売上高線との交点が目標売上高を示す位置になります。

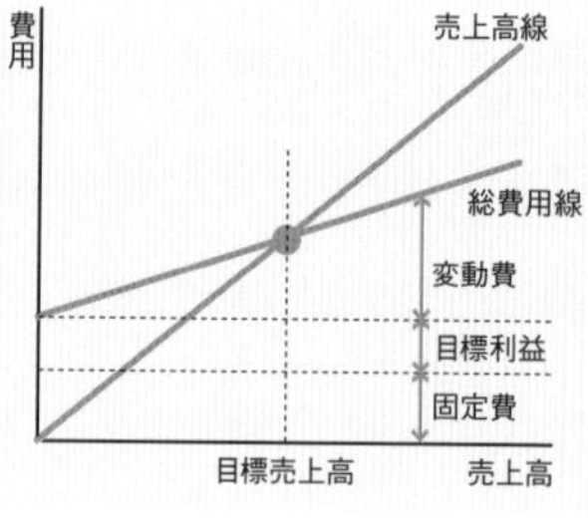

安全余裕率で損益分岐点をチェック

損益分岐点売上高が高い会社は、利益が生まれにくく赤字になりやすい体質といえます。逆に損益分岐点売上高が低いと利益が生みやすくなります。利益を生みやすい体質になるように損益分岐点売上高を低くすることが会社の目標の1つになります。

安全余裕率が高いと赤字になりにくい

売上高が赤字にならない余裕がどの程度あるかを示すのが**安全余裕率**です。安全余裕率は以下の式で求めることができます。

安全余裕率（%）＝（売上高 − 損益分岐点売上高）÷ 売上高 × 100

安全余裕率が高い

- 売上高と損益分岐点売上高の差が大きい
- 売上高が高い、もしくは費用が抑えられている

安全余裕率が低い

- 売上高と損益分岐点売上高の差が小さい
- 売上高が低い、もしくは費用が高い

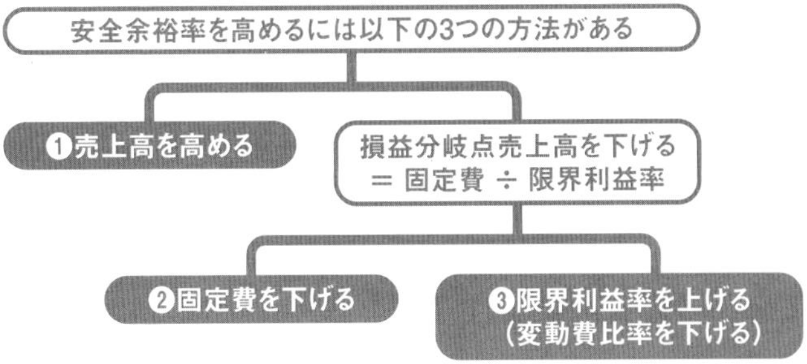

例 売上高5000万円、損益分岐点売上高4200万円の会社の場合。

（5000万円 − 4200万円）÷ 5000万円 × 100＝ 16%

➡ 安全余裕率16%

売上高が16%下がると利益ゼロとなります。
安全余裕率は15%を超えることが目安となります。

Column 02

顧客分析で売上アップ

顧客分析の第一歩は顧客のタイプ分けから

売上をアップさせるための重要な手段の1つが、客数を増やすことです。客数を増やす方法にはいくつかありますが、顧客のタイプを分類し、それぞれに合わせた対策を練る必要があります。

客数 ＝ 既存客❶ ＋ 新規客❷ － 離反客❸

❶既存客／すでに会社の商品を購入してくれている顧客

維持することが大切 → 対策：イベントなどを開催して飽きさせない工夫を行う

❷新規客／新たに会社の商品を購入してくれる見込み客

1人でも多く獲得 → 対策：ロスリーダー（赤字覚悟の特売品）やプレゼント企画、既存客経由の口コミを利用して集客する
SNSやブログなど、インターネットを利用して集客する

❸離反客／会社の商品の購入をやめてしまった顧客

再度来店させる → 対策：顧客管理を行い、一定期間購入が途絶えた顧客には、クーポン付のダイレクトメールなどを送付する

Chapter 03

仕事がレベルアップする決算書の基礎

01 決算書は多くの人が注目する会社の成績

会社の成績をまとめた決算書

決算書とは、会社の事業成果をまとめた報告書のことで、一定期間の利益や財産の状況が分かる非常に有効なビジネスツールです。正式には**財務諸表**といい、日本の会社は会社法に基づいて作成することが義務づけられています（**決算公告**）。

決算書は会計年度ごとに作られる

決算書は会計年度ごとにとりまとめられます。年度中は、投資・回収・調達のさまざまな取引が行われ、刻一刻と会社の状況は変化していきますが、決算書によって決算日における会社の成績が一目瞭然となります。

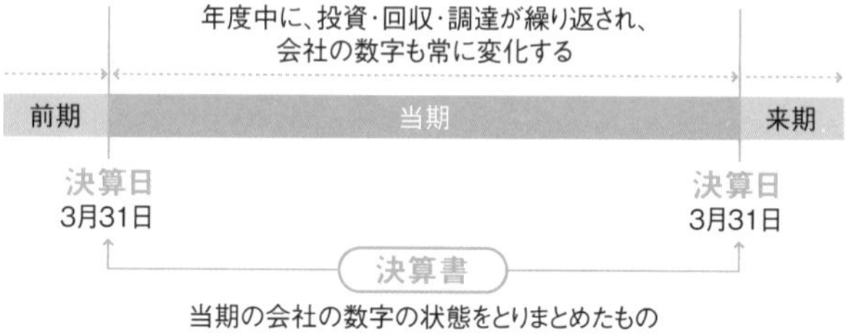

※決算日が3月31日の場合。決算は最低でも1年ごとに行います。

決算書は日付に注意

決算日は会社によって自由に決めることができます。したがって2つの会社を比べるとき、同じ年度の決算書を比べるつもりでも、時期がずれていることも。決算書を見るときは必ず日付を確認しましょう。

決算書は3つの目的で作られる

決算書を作る目的は大きく分けて、①社外への情報公開、②納税、③会社の戦略作成の3つです。

①社外への情報公開

- 株主などの投資家
- 銀行などの債権者
- 証券取引所（上場企業）
- 取引先　など

ステークホルダー

ステークホルダーとは利害関係者を意味します。投資・回収・調達という会社の取引に関わっている、または今後関わるか検討している個人や法人のことです。

ステークホルダーは決算書をその会社に協力するかどうか判断する材料として使います。例えば取引先や銀行はその会社からの支払や返済が滞ることはないか、株主は配当金が手に入るか検討します。

②納　税

年に1度、税務署に税金を申告する際の税額は決算書の金額をもとに計算します。どの会社も決算書の提出が法人税法により義務づけられています。

③会社の戦略作成

その会社の経営者や社員などが、今期の反省・検討を行い、来期の戦略や計画を練る材料とします。

02 決算書は1つだけではない

決算書のメインは3つの報告書

決算書は数種の報告書からなりますが、基本となるのは**貸借対照表《たいしゃくたいしょうひょう》**（→P88）・**損益計算書《そんえきけいさんしょ》**（→P110）・**キャッシュフロー計算書**（→P118）の3つです。

貸借対照表は財産の状況を明らかにする

貸借対照表の役割を一言でいうと、決算日における会社の財産状況を明らかにすることです。会社は、現金や各種設備などさまざまな財産を所有しています。その財産状況を知ることで、会社の安定性などを読み取ることができます。

損益計算書は利益を明らかにする

損益計算書は、その年度にどのくらい利益を生み出したか明らかにすることが目的です。会社は投資、回収という取引を営業活動を通じて行いますが、その結果を表す成績表が損益計算書です。

キャッシュフロー計算書は現金の収支を明らかにする

貸借対照表や損益計算書では読み取れない現金・預金の増減とその原因を明らかにするための書類です。株式市場に上場している会社は作成を義務づけられています。

☑決算短信とは

上場している企業が証券取引所のルールに基づいて作成する決算書の速報で、株価にも大きな影響を与えます。ほかに金融商品取引法に基づき作成される有価証券報告書もあります。

基本の決算書とそのほかの決算書

多くの場合、基本の3つの決算書を確認すれば十分ですが、より詳細な情報を知りたい場合、**株主資本等変動計算書、注記表、事業報告、製造原価報告書**なども役立ちます。

基本の決算書

貸借対照表

資産の部	負債の部
流動資産	流動負債
	固定負債
	負債合計
固定資産	固定資産
	純資産合計
資産合計	負債純資産合計

損益計算書

売上高
営業費用
営業利益
営業外費用
経常利益
特別損益
税引前当期純利益
法人税、住民税および事業税
当期純利益

キャッシュフロー計算書

Ⅰ営業活動によるキャッシュフロー
Ⅱ投資活動によるキャッシュフロー
Ⅲ財務活動によるキャッシュフロー
現金及び現金同等物の増減額
現金及び現金同等物の期首残高
現金及び現金同等物の期末残高

株主資本等変動計算書

貸借対照表の純資産（→P102)の部について、前期から当期への変化を示したもの。

注記表

会計方針や発行済株式総数などに、重要な注記に関してまとめたもの。

事業報告

会社の事業の状況を報告するもの。

製造原価報告書

製品を製造するためにかかった原価をまとめた表。

※作成が義務づけられる決算書の種類は適用される法令により異なります。キャッシュフロー計算書は上場企業のみ作成が義務づけられています。

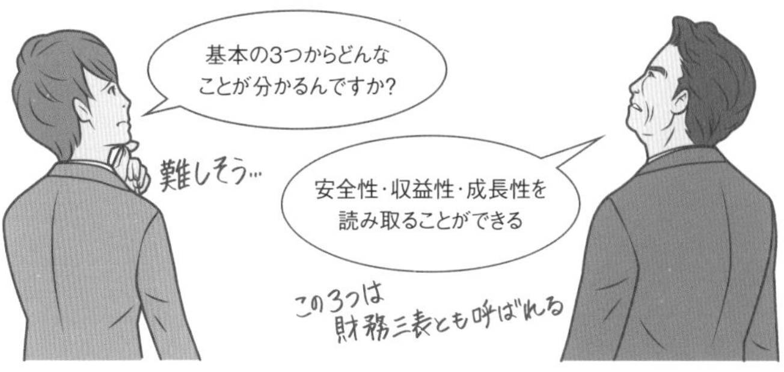

03 決算書作成は経理部が担当する

決算書作成は帳簿記入から

決算書の作成は会社の経理が担当するため、それ以外の部署の人が作成方法について詳しく知る必要はありません。しかし、おおまかな流れをおさえておくことで、決算書の背景を理解することができます。

簿記とは帳簿記入のこと

会社の活動はさまざまな取引で成り立っていますが、そうした取引を帳簿と呼ばれる記録帳に記入していくことから決算書の作成が始まります。この帳簿記入のことを**簿記**といい、経理部門のメイン業務の1つとなっています。

簿記は仕訳することで決算書のもとになる

簿記は1つの取引を「原因」と「結果」に分けて記録していくという重要なルールに基づいて行われます。これを**仕訳**といいます。日々の取引を仕訳していき、決算期に**試算表**という一覧表にまとめます。その試算表をもとにして作られるのが決算書です。

決算書作成までの大きな流れ

取引 → 仕訳 → 試算表 → 決算書

☑ 仕訳帳と総勘定元帳

日々の仕訳は仕訳帳という帳簿に記入していきますが、それをさらに勘定科目（→P26）ごとにまとめ直す必要があります（転記）。このときに使われるのが総勘定元帳です。ただし、パソコンを使った会計であれば、1回の入力ですべてが自動的に行われます。

経理は会社の数字の要《かなめ》

経理担当者は、決算書作成のための帳簿記入のほか、会社の取引のうちお金に関わる様々な業務を担当しています。営業担当者のように売上の最前線に立つことはあまりありませんが、会社を支える根本的な仕事です。

経理が担当するさまざまな仕事

経理の仕事は、「帳簿の記帳・計算」「現金・預金の管理」「証憑《しょうひょう》の管理」に大きく分けられます。それに加え、月ごとに取引先への請求・支払い、給与計算、年度末には決算書作成にともなう作業があります。

現金・預金の管理

経費の精算など細かな業務から資金繰り表の作成など会社の存続を左右する重要な業務までを担います。

帳簿の記入・計算

取引を帳簿に記入し、計算を行います。この作業から決算書が作成されます。

証憑の管理

証憑とは、領収書や請求書など取引の事実を証明するもの。証憑を管理して税務調査などに備えます。

そのほか

管理部門の人数が少ない会社では、取引先への請求や支払、また給与計算なども行います。

04 決算書の作り方①仕訳から試算表まで

仕訳は決算書の基礎につながる

決算書の作成は取引を記帳し、仕訳することから始まります。仕訳の基本を知ることは決算書の基礎の理解につながります。

取引の2つの面を記録する

仕訳の基本は、取引の2つの面を記録することです。例えば資本金として100万円集めたとします。この取引には100万円の現金が増えたという結果と、その100万円は資本金として受け取ったという原因の2つの面があります。これらを両方記録する必要があります。

例 資本金として現金100万円集めました。

(現金が増えた)	(資本金を集めた)
借方	貸方
現金1,000,000	資本金1,000,000

例 現金90万円で商品を仕入れました。

(費用が増えた)	(現金が減った)
借方	貸方
仕入900,000	現金900,000

例 120万円の売上を現金で受け取りました。

(現金が増えた)	(売上が増えた)
借方	貸方
現金1,200,000	売上1,200,000

例 5万円の通信費を現金で支払いました。

(費用が増えた)	(現金が減った)
借方	貸方
通信費50,000	現金50,000

仕訳する欄の左側を借方といい、右側を貸方といいます。資産・費用が増えた場合は借方に、減った場合は貸方に記録します。負債・純資産・収益が増えた場合は貸方に、減った場合は借方に記録します。

取引を最終的にまとめた表が試算表

仕訳した取引を総勘定元帳に勘定科目ごとにまとめていきます。そうすることで勘定科目ごとの残高が分かります。それを一覧にしたのが試算表です。

総勘定元帳

左ページの仕訳を勘定科目ごとに残高（1番右の欄）をまとめると下記のようになります。

現金

相手科目	借 方	貸 方	残 高
資 本 金	1,000,000		借 1,000,000
仕 入		900,000	借 100,000
売 上	1,200,000		借 1,300,000
通 信 費		50,000	借 1,250,000

仕入

相手科目	借 方	貸 方	残 高
現 金	900,000		借 900,000

通信費

相手科目	借 方	貸 方	残 高
現 金	50,000		借 50,000

資本金

相手科目	借 方	貸 方	残 高
現 金		1,000,000	貸 1,000,000

売上

相手科目	借 方	貸 方	残 高
現 金		1,200,000	貸 1,200,000

※残高の欄の借・貸の印は、どちらの欄に残高が残っているかを示します。

試算表

決算日の総勘定元帳の残高を一覧にすると、下図のような試算表ができます。資産・費用は借方に、負債・純資産・収益は貸方に残高が残るのが通常です。

勘定科目	借 方	貸 方
現 金	1,250,000	
資 本 金		1,000,000
売 上		1,200,000
仕 入	900,000	
通 信 費	50,000	
合 計	2,200,000	2,200,000

資産・負債・純資産が貸借対照表のもとになる

収益・費用が損益計算書のもとになる

すべての取引の合計額は必ず左右が一致する

05 決算書の作り方②試算表から決算書まで

試算表を分けると決算書ができる

試算表は、本来は総勘定元帳への転記ミスを確認するために作成する書類です。同時に決算書作成のおおもととしても使われます。

試算表を5つの大きなカテゴリーに分ける

試算表の勘定科目を5つの大きなカテゴリーに分け、並べ替えてみましょう。

例 右のような試算表をもとにして、①～⑤の5つのカテゴリーに分けます。

	借方	貸方	
現金	4,100,000		❶
売掛金	1,600,000		
未収金	820,000		
車両運搬具	1,200,000		
買掛金		250,000	❷
借入金		3,000,000	
資本金		3,000,000	❸
売上		5,500,000	❹
仕入	4,000,000		❺
雑費	20,000		
消耗品費	10,000		
合計	11,750,000	11,750,000	

例 ①～⑤をそれぞれ右図のように並び替えたとイメージしましょう。

貸借対照表と損益計算書のもとは同じ

左ページで作成したイメージを上下に大きく分けると、貸借対照表と損益計算書の姿が見えてきます。①〜⑤は①資産、②負債、③純資産、④収益、⑤費用にあたります。

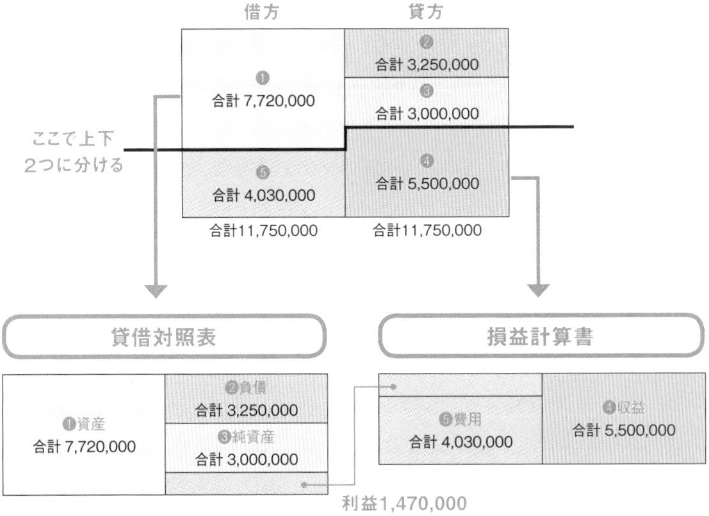

分割することで左右の合計金額が合わなくなりますが、その差額がその期の利益（または損失）にあたり、これを含めることで合計額が一致します。

06 貸借対照表は資金の運用と調達を表す

貸借対照表で会社の財産が一覧できる

貸借対照表は、決算日において会社がどのような種類の財産をどれだけ持っているか知ることができます。左側は財産の種類を、右側はどのようにそのお金を集めたかを表し、表の左右の合計金額は必ず一致します。このことから**バランスシート**（Balance Sheet）とも呼ばれ、**B/S**と略されます。

貸借対照表は3つのグループに分かれる

貸借対照表は、**資産の部**、**負債の部**、**純資産の部**の3つに大きく分けることができます。そのうち資産の部（左側）が会社の財産つまり資金の運用方法を、負債の部と純資産の部（ともに右側）が資金の調達方法を表しています。

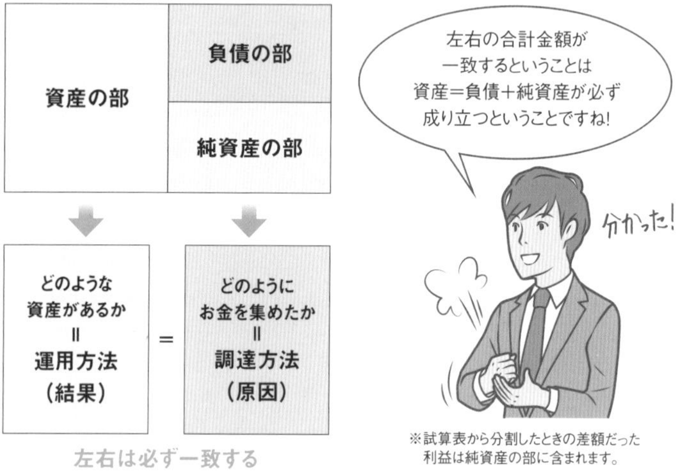

※試算表から分割したときの差額だった利益は純資産の部に含まれます。

貸借対照表は資産・負債・純資産の3つを把握

資産の部は会社が現在持っている財産ですので、その多くは目で見て確認できるものということができます。それに対して負債の部や純資産の部は、財産の調達方法を示しているため、実際に目で見て確認することはできません。

貸借対照表の例

◎◎株式会社　　令和◯年3月31日現在　　(単位：万円)

資産の部		負債の部	
流動資産		流動負債	
現金預金	420	支払手形	360
受取手形	480	買掛金	800
売掛金	1,100	短期借入金	1,000
有価証券	560	未払法人税等	180
商品	600	未払消費税等	400
前払費用	100	固定負債	
貸倒引当金	△20	社債	700
固定資産		長期借入金	900
有形固定資産		退職給付引当金	300
建物	2,000	負債合計	4,640
車両	240	純資産の部	
土地	1,200	株主資本	
無形固定資産		資本金	1,560
ソフトウェア	5	資本剰余金	400
借地権	10	利益剰余金	600
電話加入権	5	評価換算差額等	
投資その他資産		その他有価証券評価差額金	100
投資有価証券	300		
長期貸付金	300	純資産合計	2,660
資産の部合計	7,300	負債・純資産の部合計	7,300

資産の部　負債の部　純資産の部

資産の部と負債・純資産の部の合計は必ず一致

☑勘定式と報告式

貸借対照表のように左右に振り分ける方式を勘定式といいます。これに対して、上から下に順番に表記しているものを報告式といいます。一般的に、貸借対照表は勘定式、損益計算書は報告式を使用します。

07 貸借対照表は流動と固定に分かれる

流動と固定の違いと基準

貸借対照表の資産の部と負債の部は、それぞれ**流動**と**固定**に分けられています。これらは**正常営業循環基準**と**一年基準**という2つのルールに基づいて分けられています。

勘定科目は現金化しやすい順に並ぶ

貸借対照表の左側、資産の部の勘定科目は、上から現金化しやすい順番に並んでいます。負債の部は返済期限が早い順番に並んでいます。純資産の部は返済の必要のない金額です。

貸借対照表

（単位：万円）

資産の部		負債の部	
流動資産		流動負債	
現金預金	420	支払手形	360
受取手形	480	買掛金	800
売掛金	1,100	短期借入金	1,000
有価証券	560	未払法人税等	180
商品	600	未払消費税等	400
前払費用	100	固定負債	
貸倒引当金	△20	社債	700
固定資産		長期借入金	900
有形固定資産		退職給付引当金	300
建物	2,000	負債合計	4,640
車両	240	純資産の部	
土地	1,200	株主資本	
無形固定資産		資本金	1,560
ソフトウェア	5	資本剰余金	400
借地権	10	利益剰余金	600
電話加入権	5	評価換算差額等	
投資その他資産		その他有価証券評価差額金	100
投資有価証券	300		
長期貸付金	300	純資産合計	2,660
資産の部合計	7,300	負債・純資産の部合計	7,300

現金化しやすい順に並ぶ

流動資産

固定資産

流動負債

固定負債

純資産

返済期限が早い順に並ぶ

返済不要

流動と固定を分ける2つの基準

流動と固定を分ける基準には2つあります。1つは「正常営業循環基準」。もう1つは「一年基準（ワンイヤールール）」です。

正常営業循環基準

日々の営業活動の中で、姿を変えながら循環していくものを流動資産、または流動負債とする基準です。製造業であれば、日々、現金で原材料を購入し、それを加工して製品ができます。さらに製品を販売して売掛金が発生し、やがて現金を受け取ります。このように「現金→原材料→製品売掛金→現金」と循環していくものが流動資産です。

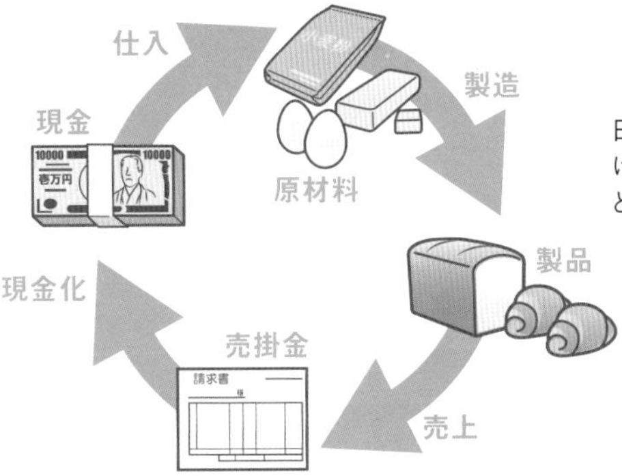

日々の営業活動における取引によって次々と姿を変える資産

一年基準（ワンイヤールール）

決算日から1年以内に現金化できる資産は流動資産、1年以内に返済期限が来る負債を流動負債として、そのほかのものをそれぞれ固定資産、固定負債とする基準です。基本的には一年基準で分けますが、一年基準では判断が難しいもの、例えば1年以内に回収できるかどうか判断できない長期滞納の売掛金や買掛金、不良在庫などは正常営業循環基準で分けます。

08 流動資産は運転資金のもとになる

流動資産は現金化しやすい資産

流動資産とは、正常営業循環基準もしくは一年基準によって、決算日から1年以内に現金として回収できると判断された資産です。現金化しやすいことは会社にとって運転資金となるため大きな意味を持ちます。

流動資産は会社が活動するために欠かせない

1年以内に現金化できる流動資産は運転資金のもととなります。商品や原材料の購入、経費の支払や借入金の返済などはすべて現金または預金から支払います。もし、こうした支払にあてる現金がなければ、どれほど建物や土地を持っていても、会社を存続させることはできません。流動資産は会社が滞りなく活動するために不可欠なものなのです。

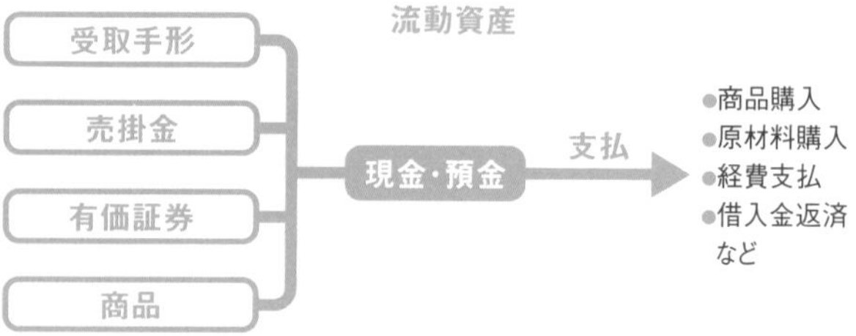

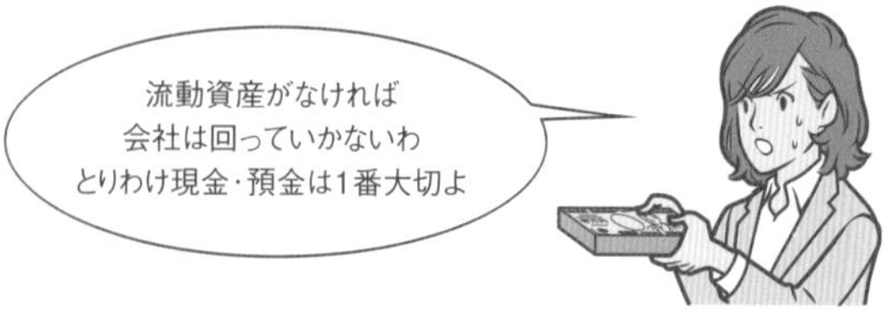

決済手段として有効な当座資産

流動資産の中で決済手段として見込むためには、現金・預金になるまでの時間が短いことが条件です。そうした条件で流動資産の各項目を見直すと、現実的な決済手段となるのは、現金・預金、受取手形、売掛金、有価証券の4つです。この4つのことを**当座資産**といいます。

貸借対照表

（単位：万円）

資産の部	
流動資産	
現金預金	420
受取手形	480
売掛金	1100
有価証券	560
商品	600
前払費用	100
貸倒引当金	△20

当座資産

流動資産の合計額3240万円に対して、当座資産の合計額は2560万円。実際に決済手段となるのは、2560万円だけと考えられます。

さまざまな流動資産

流動資産の主な勘定科目には以下のようなものがあります。

勘定科目	内容
現金・預金	現金・預金・小切手（→P38）など
受取手形	取引先から受け取った約束手形（→P40）
売掛金	信用取引（掛取引）で発生した売上債権（→P37）
有価証券	他社の株式や国債、社債など
商品	決算日における在庫商品
製品（製造業）	決算日における在庫製品
仕掛品（製造業）	決算日における製造中の製品
貯蔵品	未使用の収入印紙など
立替金	従業員などへの経費を立て替えた金額
短期貸付金	1年以内に回収できる貸付金
未収金	本業以外の取引での未回収の債権
前払金	手付金として前払いした金額など
前払費用	来期の費用を繰り延べる勘定科目（決算時のみ）
未収収益	来期に得られる収益を見越し計上する勘定科目（決算時のみ）
貸倒引当金	債権のうち回収不能な金額（マイナス計上）（→P100）

09 不必要な固定資産は経営のマイナスになる

固定資産は最小限に抑える

固定資産は、土地や建物、設備など流動資産にあてはまらないもの、つまり決算日から1年を超えても現金化できない資産です。固定資産が不必要に増えてしまうと資金不足の原因となります。

固定資産は資金を固定化してしまう

固定資産に資金を投じると、その分運転資金として使うことができなくなってしまいます。これを**資金の固定化**といいます。固定資産は必要最小限に抑えて、現金化しやすい流動資産を十分に保有したほうが安定的な経営が可能になります。

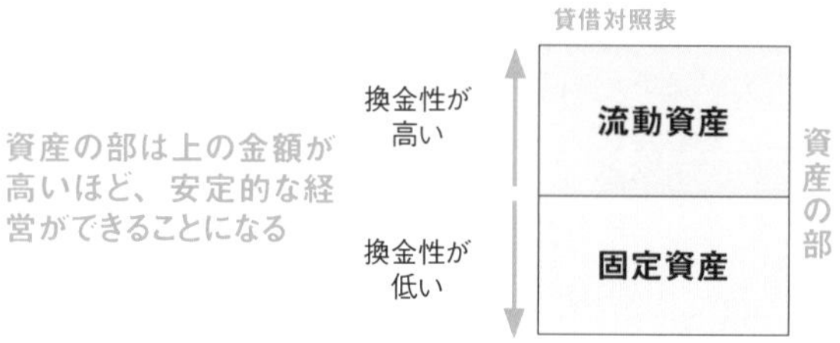

固定資産は3つに分けられる

有形固定資産、無形固定資産、投資その他の資産の3つに分けられます。

有形固定資産

会社が保有している固定資産のうち、形のあるものを有形固定資産といいます。建物や土地、車など長期間にわたる事業継続のために使われる資産です。これら固定資産は、土地を除いて減価償却（→P44）を行い、残存価額を資産額として計上します。

勘定科目	内容
建物	建物とその付属施設
機械装置	製造業に用いられる機械や装置
車両運搬具	自動車やトラックなど
器具備品	製造業に用いられる器具や備品のうち耐用年数1年以上のもの
土地	会社が所有する土地

無形固定資産

固定資産のうち、形がなく目に見えないものを無形固定資産といいます。具体的には会社が長期的に保有する以下のような権利を指します。無形固定資産も基本的に減価償却を行います。

営業権	特別なノウハウなど営業上有利な財産
商標権	商標の独占使用権
特許権	特許登録済みの発明に関する独占的な使用権
実用新案権	実用新案登録済みの案件の使用などに関する独占使用権
意匠権	意匠（工業製品の形やデザインについての工夫）登録済み案件の独占使用権
ソフトウェア	コンピュータでプログラムしたシステム
電話加入権	加入電話回線を使用する権利
借地権	土地を借りて建物の敷地として利用する権利

投資その他の資産

有形固定資産にも、無形固定資産にも含まれないものは、投資その他の資産になります。会社の本業に役立てる目的以外で保有している有価証券などが含まれます。

投資有価証券	満期まで保有する予定の有価証券など
関係会社株式	子会社や関連会社の株式
長期貸付金	回収期限が 1 年以上の貸付金
出資金	協同組合や信用金庫に対する出資金
貸倒引当金	長期貸付金などに対する回収不能額の見積額（→ P100）
投資不動産	投資目的で所有する不動産

10 資産の含み益と含み損は客観的判断を妨げる

貸借対照表の価額は時価ではない

貸借対照表には会社の資産が表されていますが、土地や有価証券などは正確な価値が反映されているとは限りません。例えば土地は、購入時の取得価格で表示されており、時価とは異なります。このように貸借対照表の価額と、実際の価値とは差があるので注意が必要です。

含み益と含み損は価格の変動により生まれる

有価証券や土地の価値が購入時よりも上昇している場合は、実際の価値よりも小さな価値で計上されていますので、仮にその資産を売却した場合は利益が生じます。これを**含み益（評価益）**といいます。逆に購入時よりも価格が下がった場合は、その資産を売却すると損失が生じますので、**含み損（評価損）**といいます。

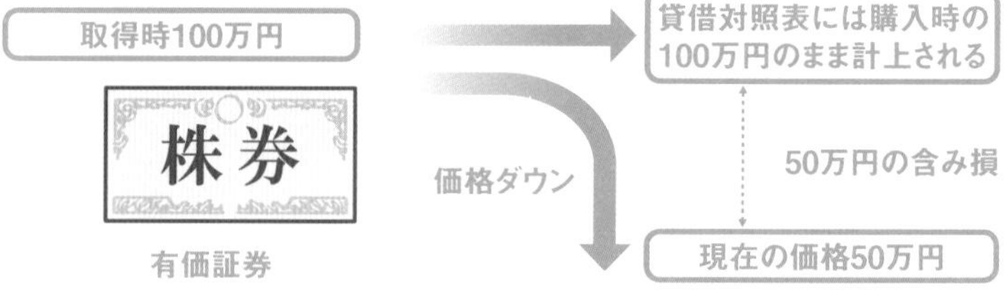

取得原価主義の欠点

購入したときの原価を永続的に資産として計上する方法を**取得原価主義**といい、含み益や含み損は決算書には記載されません。そのため、株主などステークホルダー（→P79）にとっては業績の客観的判断が難しくなります。

取得原価主義の注意点

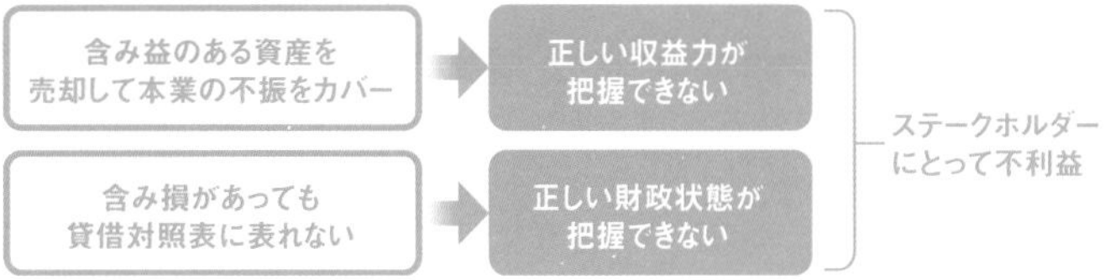

時価主義や減損会計の導入

企業活動の国際化にともない、株主などステークホルダーの利益を重視する国際基準の会計制度を取り入れるようになり、有価証券に関しては原則として時価を計上する**時価主義**を導入するようになってきました。株が値下がりした場合はその値下がり後の金額を記入し、その差額は有価証券評価益または有価証券評価損として計上します。また土地についても時価が貸借対照表の計上額の半分以下の時価になった場合は、差額を損失に計上する**減損会計**が導入されています。

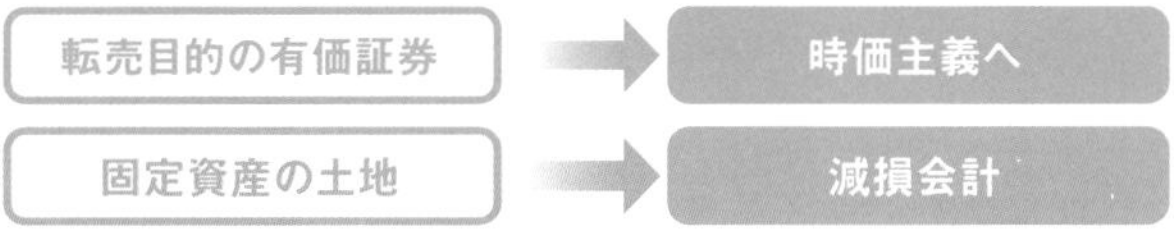

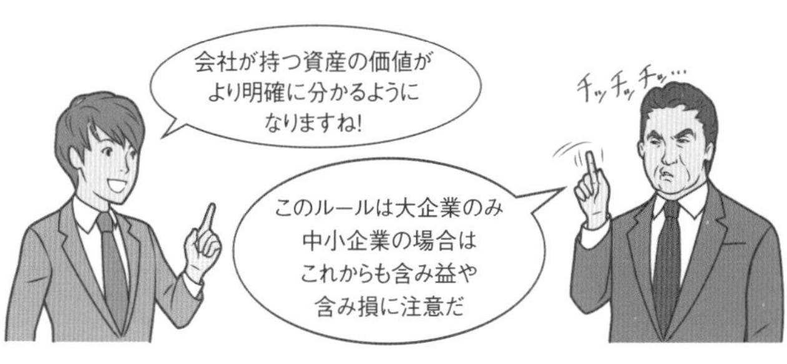

11 負債は資金繰りを悪化させる

負債は借金による調達を表す

貸借対照表の右側は、お金の調達方法を表しています。そのうち負債の部は借金すなわち返済が必要な金額とその種類が示されています。特に1年以内に返済が必要な流動負債の金額が多いと資金繰りに悪影響を与えます。

負債は他人から預かった資本

借金によって調達した負債は他人から預かっていることから**他人資本**ともいいます。できるだけ返済期限の長い他人資本の割合が多いほうが、会社の安全度が高まります。

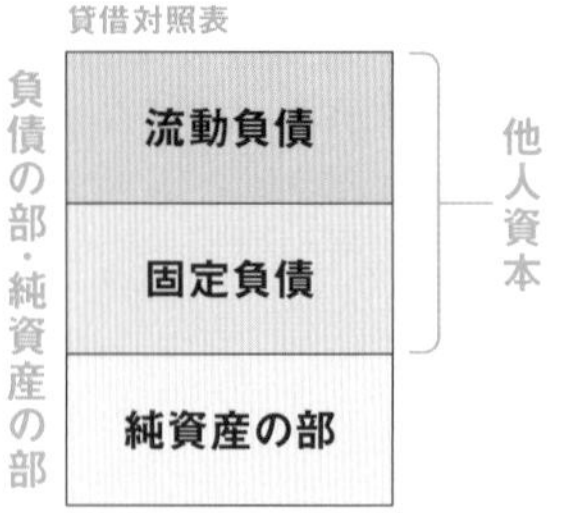

借入金の返済と決算書

借入金を返済するとき、返済額そのものは貸借対照表の負債の部に借入金の減少として、利息は損益計算書（→P110）に支払利息として計上されます。従って損益計算書で利益が出ていても実際には返済額の分、現金は減っています。こうした損益と現金の収支の差はキャッシュフロー計算書（→P118）で確認できます。

流動負債の増加は資金繰り悪化の原因に

負債も正常営業循環基準や一年基準によって**流動負債**と**固定負債**に分けられます。流動負債は、決算日から1年以内に返済期限が来る負債のことです。返済期日が短いため、流動負債が増えれば増えるほど会社の資金繰りを悪化させてしまいます。

勘定科目	内容
支払手形	取引によって振り出した約束手形（→ P40）
買掛金	信用取引のもとで発生する掛けによる仕入額（→ P37）
短期借入金	返済期限が 1 年以内の借入金
未払金	仕入以外の取引での未払額
前受金	取引先への商品の仕入などが終了する前に受け取った代金
預り金	従業員にかかる所得税や社会保険料を支払うために一時的に預かっている金額
未払費用	当期の費用でありながら未払になっている部分（決算時のみ）
前受収益	すでに対価を受け取った収益でサービスを提供していない部分
賞与引当金	従業員への賞与のうち、決算時点で負担することが見込まれる額（→ P101）

固定負債は1年を超える返済期限

流動負債にあてはまらないものが固定負債です。1年を超えて返済する必要がある借入金などが含まれます。

勘定科目	内容
社債	会社が自ら発行する債券によって調達した資金額
長期借入金	返済期間が1年を超える借入金
長期未払金	本業以外の取引で 1 年を超える返済期限の未払金
退職給付引当金	退職金をあらかじめ見積もり計上する引当金（→ P101）

☑直接金融と間接金融

会社が資金を調達する方法には、直接金融と間接金融があります。間接金融とは、銀行などの金融機関を通じてお金を調達する方法です。直接金融とは、社債や株式などを会社が発行して投資家などから直接資金を集める方法です。

12 確定できない金額は引当金で計上

引当金は見積もり額を繰り入れる

貸借対照表には**引当金**《ひきあてきん》という勘定科目がいくつかあります。これらは本来は当期の支出や損失でありながら金額が確定できないものを、金額を見積もって当期の貸借対照表に繰り入れる勘定科目です。

貸倒引当金は回収不能額の見積もり

貸倒《かしだおれ》**引当金**とは、売掛金や受取手形などの**貸付債権**（将来回収する予定の会社の債権）のうち、回収不能に陥る可能性のある額をあらかじめ見積もって計上したものです。

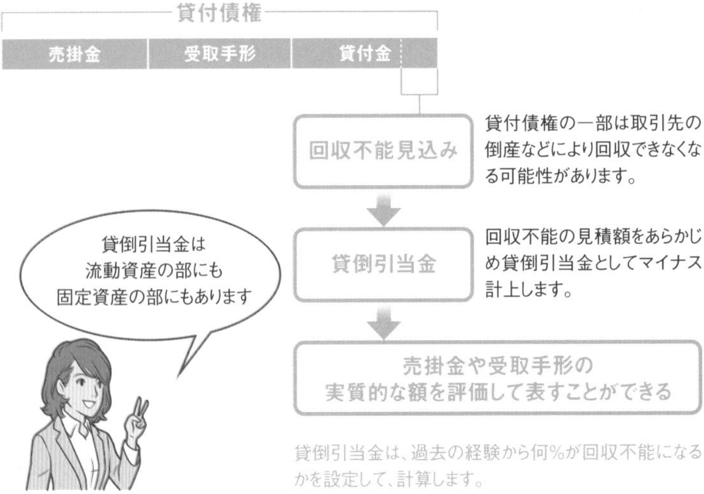

貸倒引当金は、過去の経験から何%が回収不能になるかを設定して、計算します。

賞与引当金

多くの会社は夏と冬に賞与（ボーナス）を支給します。仮に夏の賞与の支給が7月に行われるなら、その算定期間は1～6月になります。このとき、その会社の決算日が3月末日であれば、賞与のうち1～3月分は前期の費用として考えられます。7月に支払う賞与の実際の額は未定ですが、その一部は前期に計上しなければならないのです。そこで額を見積もって賞与引当金として計上するのです。

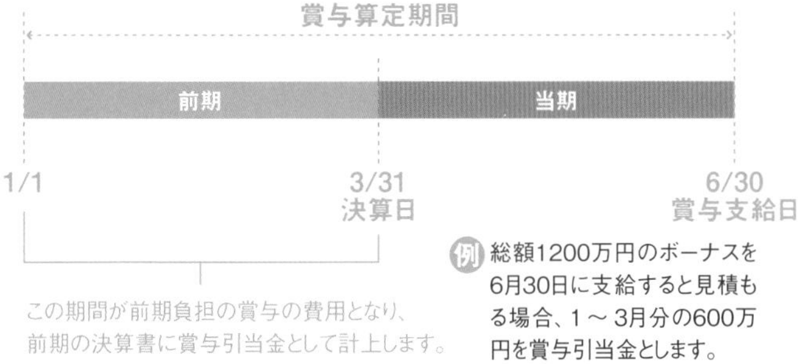

退職給付引当金

退職金は、長期勤務に対する報酬です。そのため、退職金を支払った期だけに、その費用が発生したのではなく、年々その金額が積み重ねられていると考えます。そこで将来の退職金の推定額を計算し、現在までに積み立てているべき額を把握します。その金額から実際に積み立てている額を差し引いた準備不足の額が**退職給付引当金**となります。

評価性引当金と負債性引当金

引当金には資産を評価する**評価性引当金**と、将来の支払義務に備える**負債性引当金**があります。貸倒引当金は評価性引当金、賞与引当金と退職給付引当金は負債性引当金になります。

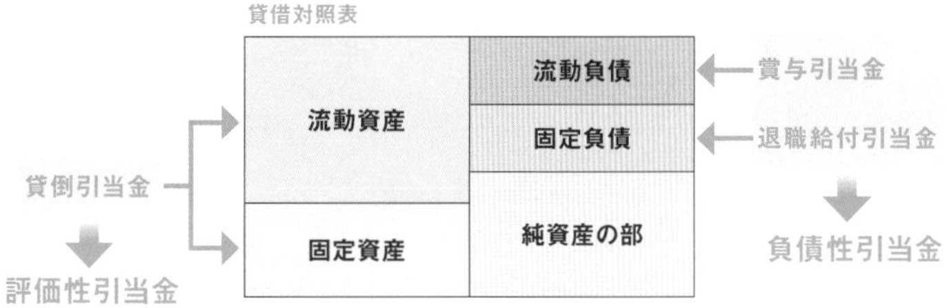

13 純資産は返済不要の資本と利益

純資産は資本金と利益剰余金に注目

純資産とは、調達した資金のうち返済の必要がない資金を表しています。なお、貸借対照表の左側の資産と、右側にある純資産はまったく違うものです。

純資産（自己資本）が多いほど経営は安定

純資産は返済の必要がないことから**自己資本**ともいいます。また貸借対照表の右側、負債（他人資本）と純資産（自己資本）を合算したものを**総資本**といいます。総資本における自己資本の割合が大きいほど会社の経営は安定します。

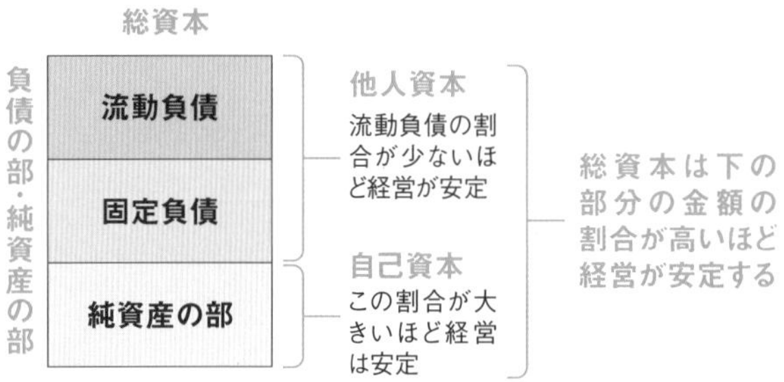

資本金と利益剰余金

純資産の部は、株主資本と評価・換算差額等という2つのグループに大きく分けられますが、後者は有価証券などを時価で評価し直したときの差額を記載する科目ですので、実質的な自己資本を表すのは株主資本です。株主資本もさらにいくつかのグループに分けられますが、中でも重要なものが**資本金**と**利益剰余金**です。

資本金

株主などが会社に出資した金額です。返済の必要はありませんが、出資額に応じた配当を利益から支払う必要があります。

利益剰余金

会社の活動によって生み出した利益の積み重ねが繰越利益剰余金です。会社設立時からその期までに生み出した利益の総額です。ただし、この利益剰余金の中から、出資者への配当を支払うため各期の利益がまるまる残るわけではありません。

当期純利益
＋
前期決算日の利益剰余金 − 配当 ＝ 前期利益剰余金の残り
（配当：決算日の後に差し引かれる）

→ 当期決算日の利益剰余金

純資産のそのほかの科目

勘定科目	内容
新株式申込証拠金	新株発行募集時に申込者が証拠金として事前に払い込んだ額
資本準備金	出資された資金のうち、資本金に組み入れなかった額
その他資本剰余金	減資や自己株式の処分を行った際の表示額と払戻額の差額
利益準備金	義務づけられている積立額
各種積立金	会社が任意で積み立てている積立額
繰越利益剰余金	その期の未処分利益
自己株式	自社発行済みの株式のうち自社で所有しているもの
その他有価証券評価差額金	固定資産の投資有価証券で、満期まで保有しない証券の時価評価差額
土地再評価差額金	事業用の土地を再評価したときの評価差額

14 貸借対照表を見るときに大切な5つの情報

基本の5つの情報をおさえる

貸借対照表を見る際は、基本となる5つの視点があります。この5つの情報をおさえて、大切な情報を見逃さないようにしましょう。

❶総資産で会社の規模をつかむ

総資産（総資本）の金額で、その会社の規模をつかみます。ただし、会社の規模は大きければよいというものではありません。資産を無駄なく効率的に生かして利益を生み出しているかを見る必要があります。

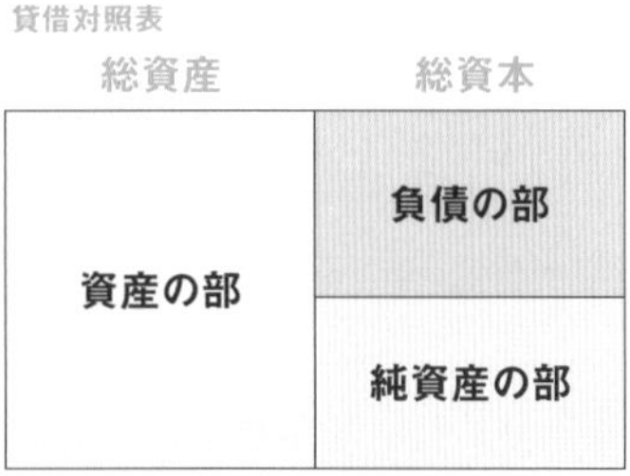

総資産の合計額をチェック ＝ 会社の経営規模が分かる

※総資産（資産の部の合計額）
総資本（負債の部と純資産の部の合計額）
も同じ。

総資産回転率

総資産（総資本）を生かして、どれだけ効率のよい経営を行っているかをチェックするための指標の1つ。

$$\text{総資産回転率(回)} = \frac{\text{売上高}}{\text{総資産}}$$

❷資金調達方法に無理がないかを確認

自己資本が多いほど経営が安定しています。他人資本が多い場合、返済によって資金繰りが厳しくなり、同時に支払利息の発生も利益を圧迫します。

❸純資産から会社が自由に使える金額を読み取る

純資産（自己資本）のうち資本金は、その額に応じて株主に配当金を支払う必要があり、利益を減らしてしまいます。資本金よりも利益剰余金の額が多いほうが、将来への投資資金として自由に使うことができます。

❹流動資産の中で現金化しやすい額を読み取る

流動資産の中でも、現金化しやすい当座資産（→P93）が多いほど、順調な資金繰りができ、円滑な事業活動が可能になります。

❺固定資産への投資内容が適正か確認

固定資産の中身を確認して、事業に無駄な投資をしていないかをチェックしましょう。無駄な固定資産があると、資金が固定化（→P94）して、資金不足の原因となります。

貸借対照表5つのチェックポイント

（単位：万円）

	資産の部		負債の部		
	流動資産		流動負債		
	現金預金	420	支払手形	360	
❹	受取手形	480	買掛金	800	
	売掛金	1,100	短期借入金	1,000	
	有価証券	560	未払法人税等	180	
	商品	600	未払消費税等	400	
	前払費用	100	固定負債		
	貸倒引当金	△20	社債	700	
	固定資産		長期借入金	900	
	有形固定資産		退職給付引当金	300	
	建物	2,000	負債合計	4,640	❷
	車両	240	純資産の部		
	土地	1,200	株主資本		
❺	無形固定資産		資本金	1,560	
	ソフトウェア	5	資本剰余金	400	
	借地権	10	利益剰余金	600	❸
	電話加入権	5	評価換算差額等		
	投資その他資産		その他有価証券評価差額金	100	
	投資有価証券	300			
	長期貸付金	300	純資産合計	2,660	
	資産の部合計	7,300	負債・純資産の部合計	7,300	❶

15 貸借対照表は左右のバランスで見る

バランスから安全性を読み取る

貸借対照表のバランスとは、流動資産と流動負債の合計額のバランス、あるいは固定資産と純資産のバランスを指します。これらをチェックするだけで会社の安全度がおおまかに分かります。

流動資産と流動負債で1年の資金繰りが分かる

流動資産の合計額が流動負債の合計額を上回っていれば、返済期限1年以内の負債が、1年以内に現金化できる資産によって返済可能ということです。そのため短期の資金繰りには問題ありません。

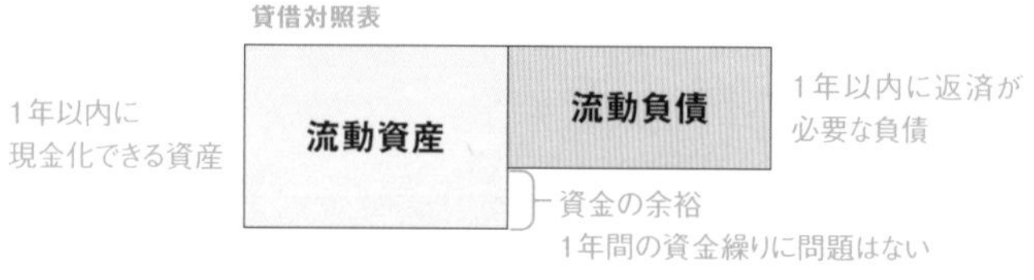

当座資産と流動負債で短期の資金繰りが分かる

流動資産には商品など現金化までのサイクルが長いものも含まれています。より厳密に短期の資金繰りの余裕をチェックするためには当座資産（→P93）と流動負債のバランスを見る必要もあります。

☑売上債権と仕入債務

売上債権（売掛金+受取手形）と仕入債務（買掛金と支払手形）を比べたときに、売上債権が極端に多いと、回収が遅れている売上債権が含まれている可能性があります。

固定資産と純資産で設備投資に無理がないか分かる

固定資産と純資産の合計額を比べたときに、純資産のほうが大きければ、その差額は運転資金として活用ができるため、設備投資に無理がなく、資金繰りも安心といえます。ただし、純資産だけで固定資産をまかなうことは難しいのが現実です。特に創業すぐの会社は十分な純資産がありません。そこで純資産と固定負債を合計し、固定資産とのバランスを確認します。

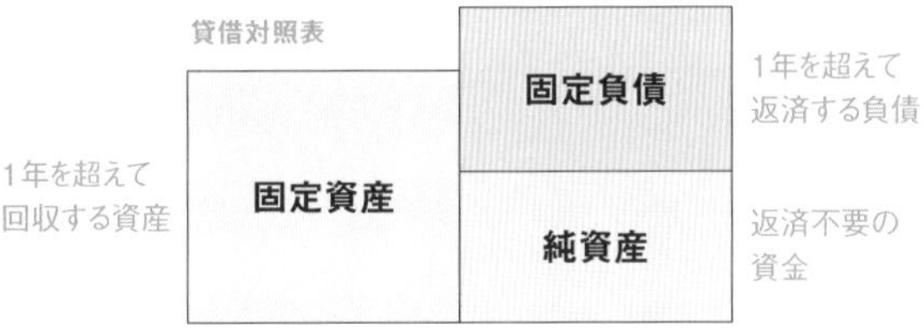

固定資産 ＜ 固定負債 ＋ 純資産　設備投資に大きな無理はなく、資金繰りも良好

固定資産 ＞ 固定負債 ＋ 純資産　設備投資が過剰で、借入金の返済が滞り、資金繰り悪化の可能性がある

左右のバランスを比べてみる

貸借対照表　（単位：万円）

資産の部		負債の部	
流動資産		流動負債	
現金預金	420	支払手形	360
受取手形	480	買掛金	800
売掛金	1,100	短期借入金	1,000
有価証券	560	未払法人税等	180
商品	600	未払消費税等	400
前払費用	100	固定負債	
貸倒引当金	△20	社債	700
固定資産		長期借入金	900
有形固定資産		退職給付引当金	300
建物	2,000	負債合計	4,640
車両	240	純資産の部	
土地	1,200	株主資本	
無形固定資産		資本金	1,560
ソフトウェア	5	資本剰余金	400
借地権	10	利益剰余金	600
電話加入権	5	評価換算差額等	
投資その他資産		その他有価証券評価差額金	100
投資有価証券	300		
長期貸付金	300	純資産合計	2,660
資産の部合計	7,300	負債・純資産の部合計	7,300

流動資産　当座資産　固定資産　流動負債　固定負債＋純資産

左図の貸借対照表の場合、流動資産3240万円·当座資産2560万円·流動負債2740万円となり、年間の資金繰りはよいものの、短期の資金繰りに問題を抱えています。

固定資産4060万円·固定負債＋自己資本4560万円と、余裕はあるものの短期の資金繰りを考えると心細いといえます。

16 貸借対照表をさらに読み込む

貸借対照表の裏側を読む

含み益や含み損（→P96）と同様に、貸借対照表も記載されている資産が、実質的な資産とずれている場合があります。こうしたずれを把握することも貸借対照表をチェックするうえで欠かせません。

売掛金や受取手形が不良債権かもしれない

債権の一部は、回収が長期間滞る不良債権となっている恐れがあります。仕入債務に対して売上債権が多い場合は特に要注意です（→P106）。破産更生債権等（経営破綻または実質的に経営破綻に陥った取引先への債権）になった場合は、原則として固定資産に計上するのがルールです。

滞留在庫が資金バランスの判断を狂わせる

商品や製品の在庫の中で、型落ちや流行遅れにより、売上になる可能性がほとんどない滞留在庫が、棚卸資産（商品や製品などの在庫）として計上されていると、資金バランスを正確に判断することができなくなります。

担保提供があるなら流動性は極めて低い

有価証券や定期預金は借入金の担保として提供されている場合もあります。この場合、流動性は相当低くなるといえるでしょう。担保提供の有無については、注記表（→P129）に記載されることになっていますので、しっかりとチェックしましょう。

☑ 会計監査とは

株式を公開している企業は、貸借対照表の内容をできるだけ正しく表示するためのルールを守る必要があります。そのルールを守っているかどうかをチェックするのが公認会計士による会計監査です。

過去の貸借対照表から変化を読み取る

過去の貸借対照表と見比べることで、会社の規模の変化を読み取れるだけでなく、資金繰りや固定資産の規模の変化も読み取ることができます。

過去の貸借対照表との比較ポイント

貸借対照表を過去と比べる場合も、今までのチェックポイントを振り返りながら、その変化に注意しましょう。

前期の貸借対照表

流動資産	1,000	流動負債	1,200
固定資産	1,200	固定負債	500
		純資産	500
総資産	2,200	総資本	2,200

前期の問題点

- 固定資産が、固定負債＋純資産を上回り、過剰設備投資になっている
- 流動資産の額が流動負債を下回り、資金繰りが厳しい
- 純資産の額が少ない

今期の貸借対照表

流動資産	1,600	流動負債	1,400
		固定負債	600
固定資産	1,400	純資産	1000
総資産	3,000	総資本	3,000

前期と比べて読み取れること

- 固定資産が、固定負債＋純資産を下回り、過剰設備投資が改善された
- 流動資産の額が流動負債を上回り、資金繰りが改善した
- 純資産の額が倍増した

こんなこともチェックしておきたい

- 純資産が増えている場合は、増資によるものか、利益によるものかをチェック。増資によるものである場合は、出資者に支払う配当金が増加し、資金繰りを圧迫する。
- 流動資産の中身もチェック。現金・預金が増加しているのが理想。売掛金や受取手形などの売上債権の増加は仕入債務（買掛金や支払手形）とのバランスもチェック。

17 損益計算書で会社の儲けが明らかになる

収益と費用から儲けが分かる

損益計算書は収益と費用を一覧にして、会社の利益（儲け）がどの程度あったかを明らかにする書類です。収益と費用を対応させることで、利益を**❶売上総利益、❷営業利益、❸経常利益、❹税引前当期純利益、❺当期純利益**の5段階で表します。なお損益計算書は、英語でプロフィット・アンド・ロス（Profit and Loss）といい、**P/L**と略されます。

3つの収益と5つの費用、5段階の利益

3つの収益、5つの費用、5段階の利益の関係は以下の通りです。

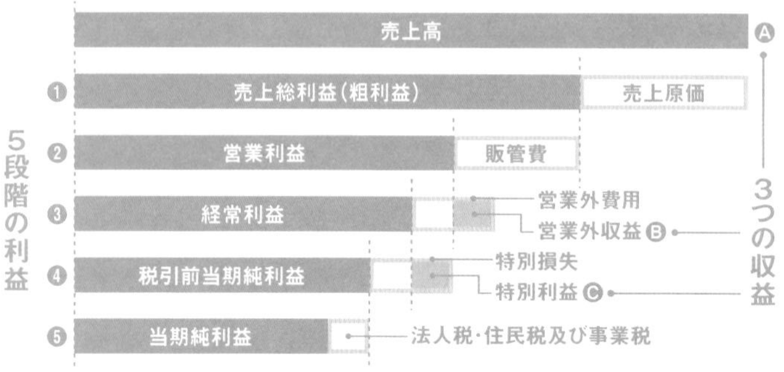

❶売上総利益（粗利益）＝ 売上高 － 売上原価
❷営業利益 ＝ 売上総利益 － 販管費
❸経常利益 ＝ 営業利益 ＋ 営業外収益 － 営業外費用
❹税引前当期純利益 ＝ 経常利益 ＋ 特別利益 － 特別損失
❺当期純利益 ＝ 税引前当期純利益 － 法人税・住民税及び事業税

損益計算書の例を確認

損益計算書では、5段階の利益がどう変化しているかを時系列で把握しましょう。売上高の大きさは経営規模を表します。当期純利益が会社の最終的な利益を表しており、マイナスであれば赤字です。

損益計算書の例

自令和△年4月1日現在　至令和○年3月31日

◎◎株式会社

（単位：万円）

科目	金額	
売上高		9,000
売上原価		5,900
売上総利益		3,100
販売費及び一般管理費		2,300
営業利益		800
営業外収益		
受取利息	160	
その他	140	300
営業外費用		
支払利息	340	
その他	60	400
経常利益		700
特別利益		
投資有価証券売却益	140	
その他	60	200
特別損失		
固定資産除去損	200	
その他	100	300
税引前当期純利益		600
法人税・住民税及び事業税		400
当期純利益		200

5つの費用

3つの収益

5段階の利益

☑損益計算書は決算対象期間の集計を表す

貸借対照表は決算日の財産状況を表したものです。それに対して損益計算書は、決算の対象となる期間の損益を集計したものになります。そのため損益計算書の日付は「○年○月○日現在」ではなく、「自△年△月△日　至○年○月○日」と表示されます。

18 売上総利益で商品力 営業利益で本業の収益力が分かる

売上総利益で商品力が分かる

売上総利益は、売上高から売上原価を差し引いたもの、つまり粗利益（→P32）のことです。会社の本業である商品やサービスの売上から、その売上をあげるために直接かかった費用を差し引くことで生まれる利益ですので、その会社の商品力を表しているといえます。

売上総利益はすべての利益の基礎となる

売上総利益（粗利益）はほかの4つの利益（→P110）のおおもとになるものです。つまり、ほかの利益はすべて売上総利益の一部から取り出されたものです。

売上総利益（粗利益）＝ 売上高 − 売上原価

売上高：商品の収益力　売上原価：商品に直接かかる費用

売上高（→P19）とは、本業から得た収益を意味します。右のような収益は売上高に含まれません。

- 不動産賃料収入、受取利息 → 営業外収益（→P114）
- 固定資産売却益、投資有価証券売却益 → 特別利益（→P115）

☑売上総利益には在庫の原価は反映されない

売上原価は、実際に売れた商品の原価を表すため（→P60）、例えば売上が伸びず大量の在庫を抱えても、そのことは売上総利益には反映されません。販売状況を知るには貸借対照表の棚卸資産も確認しましょう。

営業利益から本業の収益力が分かる

営業利益は、売上総利益から販売費及び一般管理費（販管費）を差し引いたものです。販売費及び一般管理費は、売上をあげるための営業活動など、本業に間接的にかかった費用です。つまり営業利益は、売上高から本業にかかった費用のすべてを引いた利益であり、本業の収益力を表しているということができます。

営業利益から本業で儲けるヒントが見える

売上が多くても、販売費及び一般管理費に無駄があれば、営業利益は少なくなります。営業利益は、本業で効率的に儲けているかを見る大切な指標です。

営業利益 ＝ 売上総利益 － 販売費及び一般管理費
＝ 売上高 －（売上原価 ＋ 販売費及び一般管理費）

商品に直接かかる費用

2つの費用を効率的に使い、
無駄を抑えていくことが営業利益アップにつながる

売上原価を抑えるには

- 仕入先や外注先への値下げ交渉
- 製造部門の効率化

販管費を抑えるには

- 無駄な部門のカット
- 営業業務の効率化など

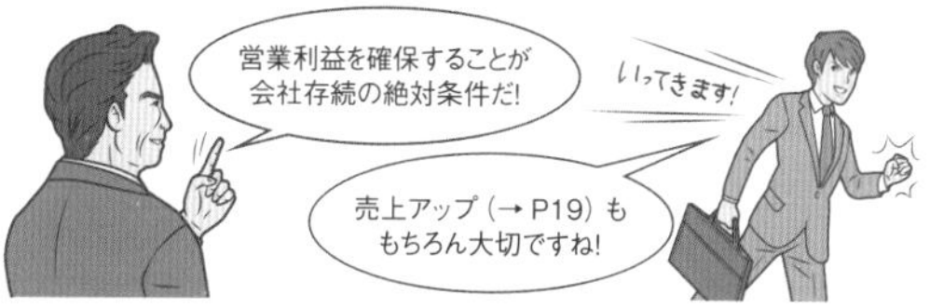

☑リストラと営業利益

リストラというと大量解雇をイメージしますが、本来は事業の再構築を意味し、解雇だけでなく、業務全体の効率化、在庫削減による保管コストの抑制、アウトソーシングによる固定費の削減なども含みます。こうした削減によって、営業利益を増やすことがリストラの最大の目的です。

19 経常利益は会社の実力 当期純利益は1年間の成果

経常利益は財務力を含めた会社の実力

経常利益は、営業利益に営業外収益を加え、営業外費用を差し引いたものです。「ケイツネ」と呼ばれることもあります。営業外収益・営業外費用はともに財務的な収益・費用であり、経常利益は財務力も考慮した会社そのものの実力ということができます。

経常利益の高さは自己資本の大きさも関係する

自己資本（純資産）が大きい会社は、借入金による利息の支払いが少なく、経常利益が確保しやすいため財務力が高いといえます。逆に借入金の額が大きい会社は利息の支払いも多く、経常利益が確保しにくくなります。

経常利益 ＝ 営業利益 ＋ 営業外収益 － 営業外費用
＝（売上高 ＋ 営業外収益）－（売上原価 ＋ 販管費 ＋ 営業外費用）

（売上高 ＋ 営業外収益）：会社の収益力
（売上原価 ＋ 販管費 ＋ 営業外費用）：会社全体の費用

営業外収益に含まれるもの

- 不動産賃料収入
- 受取利息
- 受取配当金
- 為替差益　など

営業外費用に含まれるもの

- 支払利息
- 為替差損
- 売上割引
- 手形売却損　など

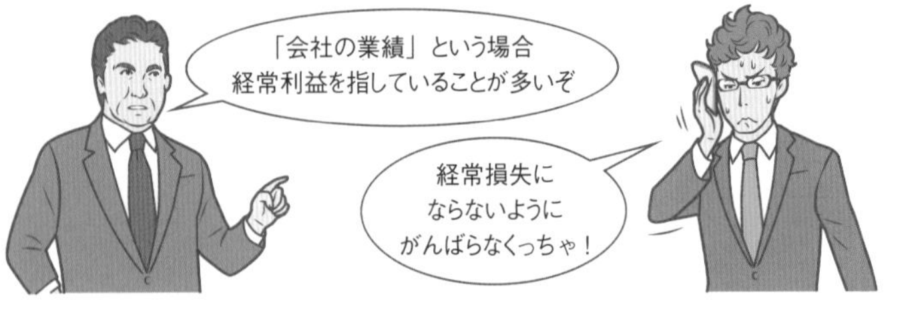

当期純利益は1年間の最終的な利益

税引前当期純利益は、経常利益に特別収益を加え、特別損失を差し引いたものです。特別利益や特別損失とは、その期だけに発生した金額が大きな臨時的な利益や損失です。つまり税引前当期純利益とは、その期の会社の成績を表しています。そこから法人税・事業税及び住民税を差し引くことで、その期の最終利益である当期純利益が出てきます。

税引前当期純利益からその期の特別な事情が分かる

特別利益や特別損失から、その期に起きた会社の事情や経営方針をうかがい知ることができます。例えば、特別利益に土地の売却益が含まれていれば、本業での利益をカバーするために、含み益のある土地を売却し、当期純利益を出しているとも考えられます。

税引前当期純利益 ＝ 経常利益 ＋ 特別利益 － 特別損失

＝(売上高 ＋ 営業外収益 ＋ 特別利益) － (売上原価 ＋ 販管費 ＋ 営業外費用 ＋ 特別損失)

その期に特別な事情も含めた収益力　　その期に特別な事情も含めた費用

特別利益に含まれるもの

- 土地売却益
- 投資有価証券売却益
- 償却債権取立益　など

特別損失に含まれるもの

- 災害損失
- 特別退職金
- 固定資産売却損　など

当期純利益は1年間の成果

当期純利益は、税引前当期純利益から法人税等を差し引いたものです。これが会社のその期の最終的利益であり、株主など出資者に対する配当の原資になります。当期純利益がマイナスであれば、当期純損失となります。

当期純利益 ＝ 税引前当期純利益－ 法人税・事業税及び住民税

20 損益計算書は過去と比較して成長を見る

過去と比べて問題点を分析

損益計算書は、過去複数年の損益計算書と見比べることで、その会社が成長しているのか、していないのか、問題点は何なのかが見えてきます。少なくとも3期分と見比べましょう。

比較のポイントは売上高と利益の変化

実際に前期と当期の損益計算書を比べてみましょう。最初に目をつけるべきポイントは売上高と当期純利益です。

損益計算書　（単位：万円）

科目	前期	当期
売上高	7,000	9,000
売上原価	4,500	5,900
売上総利益	2,500	3,100
販売費及び一般管理費	1,500	2,300
営業利益	1,000	800
営業外収益	200	300
営業外費用	350	400
経常利益	850	700
特別利益	100	200
特別損失	200	300
税引前当期純利益	750	600
法人税・住民税及び事業税	400	400
当期純利益	350	200

はじめに売上高と当期純利益に目をつける

利益の変化から問題を読み取る

売上高と当期純利益の変化から会社の状況を読み取り、問題がある場合は、その原因が何かを追求していきます。減益になっているケースは要注意です。

売上高と当期純利益の変化から分かる会社の状況

増収増益

前年度に比べて売上高·利益ともに増えている場合。ただし、売上高と利益の伸び幅に差がある場合は原因を追及。

減収増益

売上高が減る一方で、利益が増えた場合。大幅なコスト削減の効果が考えられます。

増収減益

売上高が増えたにもかかわらず、利益が減る場合です。コストの増大などが原因です。

減収減益

売上高·利益ともに減る場合。早急に売上高アップやコスト削減の対策が必要です。

前期よりも利益が下がった場合

減収の場合は売上高が減った原因を検討する必要があります。さらに、ほかに減益の理由がないかを確認するために次のステップへ。

売上原価から税引前当期純利益までを順番にチェック

どの利益が減益になっているかによって、減益の原因が分かります。下記の例の場合は、営業利益に問題があります。

損益計算書　(単位：万円)

科目	前期	当期
売上高	7,000	9,000
売上原価	4,500	5,900
売上総利益	2,500	3,100
販売費及び一般管理費	1,500	2,300
営業利益	1,000	800
営業外収益	200	300
営業外費用	350	400
経常利益	850	700
特別利益	100	200
特別損失	200	300
税引前当期純利益	750	600
法人税・住民税及び事業税	400	400
当期純利益	350	200

問題のある利益を決定する費用に注目しましょう。例のように営業利益に問題がある場合は、販売費及び一般管理費が増えているからです。さらに販売費及び一般管理費の中のどの費用が増えたかをチェックすれば、利益減少のより詳しい原因が明らかになります。

21 キャッシュフロー計算書で会社のお金の流れが分かる

キャッシュフローで資金収支を確認

キャッシュフロー計算書とは、その期の現金の収支をまとめた決算書です。貸借対照表や損益計算書では、現金の動きは明らかになりません。キャッシュフロー計算書を見ることで、どんな原因により現金が増減しているかを知ることができます。

キャッシュには現金と現金同等物が含まれる

キャッシュフロー計算書のキャッシュは、紙幣などの一般的な現金だけを意味するわけではありません。それに加え普通預金や当座預金が現金として扱われ、さらに現金同等物として価格変動リスクの低い短期投資商品が含まれます。

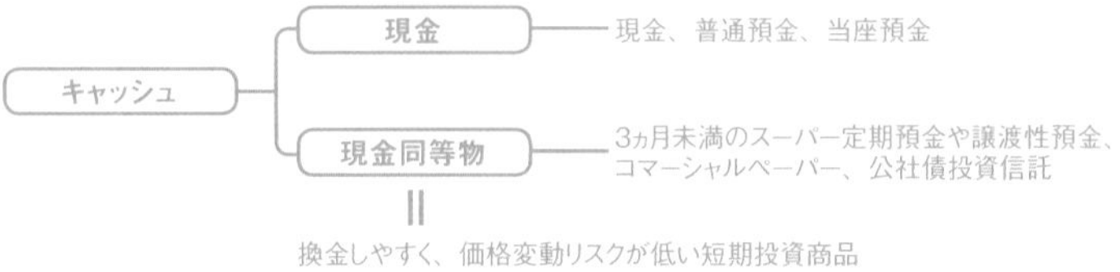

☑譲渡性預金とは

譲渡性預金（CD）とは、他人への譲渡が可能な定期預金のこと。最低預金額が5000万円以上の場合が多く、主に会社が決済手段として用います。

キャッシュフロー計算書の例

キャッシュフロー計算書で最も注目すべきポイントは①**営業活動によるキャッシュフロー（営業CF）**、②**投資活動によるキャッシュフロー（投資CF）**、③**財務活動によるキャッシュフロー（財務CF）**の額です。特に営業CFが多いと資金繰りがよいことを表します。

キャッシュフロー計算書の例

自令和△年4月1日現在　至令和◯年3月31日

◎◎株式会社

（単位：万円）

Ⅰ 営業活動によるキャッシュフロー	
当期純利益	800
減価償却費	400
貸倒引当金の増減額	400
受取利息及び受取配当金	-400
支払利息	200
有価証券売却益	-200
固定資産売却益	-200
売上債権の増減額	-400
棚卸資産の増減額	400
仕入債務の増減額	-200
利息及び配当金の受取額	200
利息の支払額	-200
法人税等の支払額	-200
営業活動によるキャッシュフロー	600 ①
Ⅱ 投資活動によるキャッシュフロー	
有価証券の取得による支出	-400
有価証券の売却による収入	200
有形固定資産の取得による支出	-400
有形固定資産の売却による収入	400
貸付金の貸付による支出	-400
貸付金の回収による収入	400
投資活動によるキャッシュフロー	-200 ②
Ⅲ 財務活動によるキャッシュフロー	
短期借入による収入	200
短期借入金の返済による支出	-200
長期借入による収入	400
長期借入金の返済による支出	-400
その他	200
財務活動によるキャッシュフロー	200 ③
Ⅳ 現金及び現金同等物に係る換算差額	0
Ⅴ 現金及び現金同等物の増減額	600
Ⅵ 現金及び現金同等物の期首残高	400
Ⅶ 現金及び現金同等物の期末残高	1,000

キャッシュフロー計算書で資金繰りの実態もつかめる!

キャッシュフロー計算書で注目すべきポイントはこの3つ!

22 営業CFは本業のキャッシュの動き

本業の資金収支で会社の実態が分かる

営業CFは、商品の仕入、販売などにともなう本業の資金の動きを表しています。営業CFを時系列で比較すれば、本業で資金を着実に増やしているかどうかが分かります。

営業CFが会社の本業を左右する

営業CFは本業でどれだけ現金の増減があったかということを示すためプラスになっているのが基本です。もしここでマイナスになっていれば、会社の事業の危機といってもよいでしょう。また単にプラスであるだけでなく、過去と比べて年々増加していくのが理想的な状態です。マイナスが続くようであれば、倒産の可能性もあります。

営業CFは税引前当期純利益から計算する

営業CFは、損益計算書の税引前当期純利益から調整項目を加減することで計算します。損益計算書で費用として計上されたもののうち、営業活動にあたらない取引はプラスとして取り扱われます。

営業活動によるキャッシュフローの計算

（単位：万円）

Ⅰ 営業活動によるキャッシュフロー		
税金等調整前当期純利益	800	❶
減価償却費	400	❷
貸倒引当金の増減額	400	❸
受取利息及び受取配当金	-400	❹
支払利息	200	❹
有価証券売却益	-200	❺
固定資産売却益	-200	❺
売上債権の増減額	-400	❻
棚卸資産の増減額	400	❻
仕入債務の増減額	-200	❻
利息及び配当金の受取額	200	
利息の支払額	-200	
法人税等の支払額	-200	
営業活動によるキャッシュフロー	600	

❶税引前当期純利益をもとに調整計算する

❷減価償却費は現金の支出を伴わない費用として差し引かれたものなので、キャッシュフローの計算では加算する

❸各種引当金は計上時に現金の支出を伴わないので、増加したときは利益に加え、減少したときは差し引く

❹利息や配当金は、営業活動にあたらないので、受取は差し引き、支払は加算する

❺有価証券や固定資産の売却益は、営業活動以外の取引なので、差し引いて計算する

❻資産の増加や負債の減少（借金の返済）は現金のマイナス、資産の減少や負債の増加は現金のプラスとして扱う

☑直接法と間接法

キャッシュフロー計算書の作成法には、直接法と間接法があり、上記のように税引前当期純利益から計算していくのは間接法です。直接法は、営業収入など主要取引ごとに1つずつ集計するため手間がかかります。

23 投資CFと財務CFはマイナスの方がよい！？

投資CFは設備投資などの資金の流れ

投資CFは、固定資産や投資有価証券などへの投資に関連するキャッシュの流れをまとめたものです。成長を目指す会社は投資活動が活発なためマイナスになります。

投資CFは成長を目指すとマイナスに

会社が行う投資活動とは、例えば新しく工場を建設するなど設備投資が主なものです。こうした投資はキャッシュの支出をともないますが、会社の成長には欠かせないもの。したがって、投資CFはマイナスになっているほうが、積極的に成長を目指す会社だといえます。逆に、不動産など固定資産の売却は現金収入となりますが、業績不振によるリストラ策の結果である可能性があります。

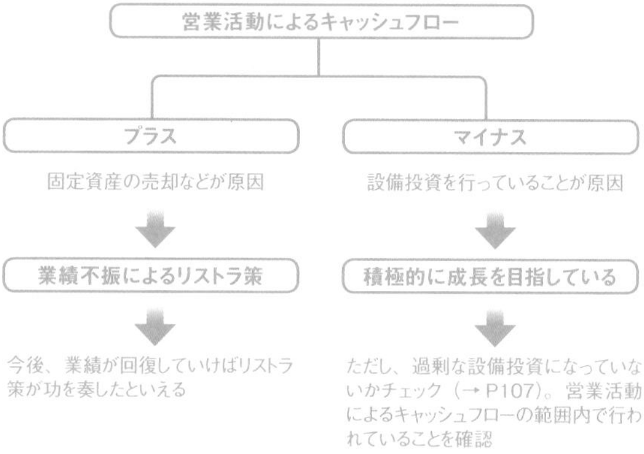

財務CFは調達・返済の資金の流れ

財務CFは、借入金や社債、資本金に関連する資金の流れをまとめたものです。

財務CFはマイナスが基本

借入金の返済や配当金を支払を行うと、財務CFはマイナスになります。したがって財務CFはマイナスが基本です。借入金や社債、増資などにより資金を調達すると、現金が増えるので財務CFはプラスになります。しかし、その借入金が営業活動の赤字を埋め合わせるためか、設備投資を行うためかによって意味が異なります。財務CFは、その背景や原因を読み取ることが大切です。

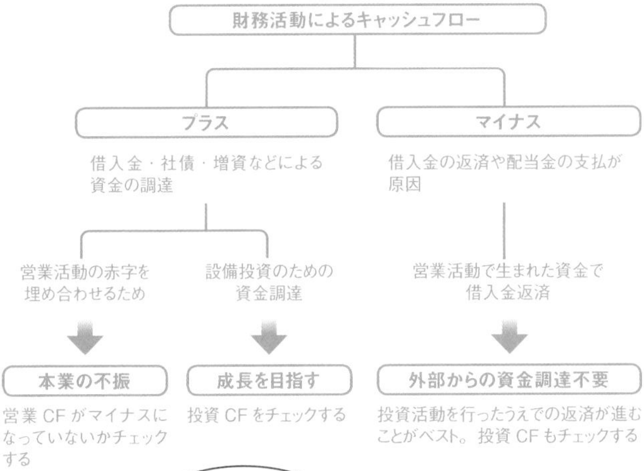

24 フリーキャッシュフローで事業発展の可能性を見る

現金の増減額から会社の業績が見える

営業・投資・財務の各キャッシュフローの確認と同時に、会社全体に現金があるかどうかを確かめることも大切です。会社全体の現金の増減はキャッシュフロー計算書の末尾「増減額」「期首残高」「期末残高」で確認することができます。

キャッシュの増減額と残高で資金繰りを確認

会社に現金がなければ、将来への投資はおろか、営業に必要な商品の仕入などもままならなくなります。さらには仕入債務などの支払も滞るようになれば、会社の信用問題に関わり、場合によっては倒産ということもありえます。キャッシュフロー計算書末尾の現金及び現金同等物の増減額がプラスになっていれば、基本的にそうした心配はなく、資金繰りは順調に進んでいると考えてよいでしょう。

Ⅳ 現金及び現金同等物に係る換算差額	0
Ⅴ 現金及び現金同等物の増減額	600
Ⅵ 現金及び現金同等物の期首残高	400
Ⅶ 現金及び現金同等物の期末残高	1,000

ここがプラスになっていれば資金繰りは順調。マイナスの場合は黄信号

当期末のキャッシュの残高にも注意。来期に向けて十分なキャッシュがあるかどうかを確認

☑現金及び現金同等物に係る換算差額とは

外貨預金などの為替損益を調整して、キャッシュフローに反映させたものが現金及び現金同等物に係る換算差額です。為替差益が出ていればプラスに、為替差損が出ていればマイナスになります。

フリーキャッシュフローで事業が発展できる

フリーキャッシュフローとは、本業の活動によって生み出した余剰資金のことで、会社が自由に使うことのできる資金にあたります。フリーCFがあれば、借入金なしで会社の成長のために投資していくことができます。

フリーCFを計算する

フリーCFは、営業CFから事業維持のために最低限必要な設備投資額などを差し引いて求めます。これにより、会社が本当に自由に使うことのできる金額が算出されます。基本的には以下のように計算されます。

フリーCF ＝ 営業CF － 最低限必要な設備投資額 － 安定配当支払額 － 不可避な有価証券投資

簡易的に次の式も用いられます。

フリーCF ＝ 営業CF ＋ 投資CF

フリーCFの使い道

フリーCFは、①事業の拡大、②株主への還元、③財務体質の改善の大きな3つの使い道が考えられます。

- ❶事業の拡大 ― 新規事業への戦略的投資、企業買収
- ❷株主への還元 ― 配当金の支払、自己株式取得
- ❸財務体質の改善 ― 借入金の返済、社債の償還

→ より安定的な企業に成長できる

25 キャッシュフロー計算書はパターンで資金繰りを読み解く

4つのパターンで分析

キャッシュフロー計算書の営業・投資・財務のキャッシュフローのプラスとマイナスの組み合わせパターンから、会社の資金繰りの状況を推測することができます。

キャッシュフローの組み合わせから4つのパターンに分析

営業・投資・財務の各キャッシュフローのプラス・マイナスの組み合わせの主な4つをあげておきます。営業CFの割合は大きければ大きいほどよいといえます。それに対して、財務活動によるキャッシュフローが大きくふくらんでいると、将来支払利息や配当金の負担に苦しむことになります。特に営業CFよりも多いときは要注意です。

優等生タイプ

Ⅰ 営業活動によるキャッシュフロー		
営業活動によるキャッシュフロー	600	➡ プラス
Ⅱ 投資活動によるキャッシュフロー		
投資活動によるキャッシュフロー	△200	➡ マイナス
Ⅲ 財務活動によるキャッシュフロー		
財務活動によるキャッシュフロー	△200	➡ マイナス

営業CFが大きくプラスになっていれば、高い利益をあげられる収益構造になっているといえます。また営業CFで生まれた資金を投資CFに回し、将来の布石となる設備投資を行い、さらに余剰資金を借入金の返済や配当金の支払にあてることができている状態です。まさに理想的な会社といえるでしょう。営業CF：投資CF：財務CFが8：1：1であれば超優等生ということができます。

努力家タイプ

Ⅰ 営業活動によるキャッシュフロー		
営業活動によるキャッシュフロー	300	プラス
Ⅱ 投資活動によるキャッシュフロー		
投資活動によるキャッシュフロー	△200	マイナス
Ⅲ 財務活動によるキャッシュフロー		
財務活動によるキャッシュフロー	200	プラス

営業CFはプラスで現在の事業が順調であることを示しています。また本業で稼いだキャッシュに加えて外部から資金を調達して、将来の成長のために設備投資などを行っている積極的な会社といえます。

出直しタイプ

Ⅰ 営業活動によるキャッシュフロー		
営業活動によるキャッシュフロー	100	プラス
Ⅱ 投資活動によるキャッシュフロー		
投資活動によるキャッシュフロー	200	プラス
Ⅲ 財務活動によるキャッシュフロー		
財務活動によるキャッシュフロー	△200	マイナス

営業CFはプラスになっているものの、本業がそれほど振るわず、採算の悪い固定資産などを売却するなどリストラを進め、財務体質を改善している会社です。リストラが成功すれば、営業CFも増加し、業績も上向いていくでしょう。

瀬戸際タイプ

Ⅰ 営業活動によるキャッシュフロー		
営業活動によるキャッシュフロー	△200	マイナス
Ⅱ 投資活動によるキャッシュフロー		
投資活動によるキャッシュフロー	200	プラス
Ⅲ 財務活動によるキャッシュフロー		
財務活動によるキャッシュフロー	200	プラス

営業CFがマイナスになっていることから、本業が落ち込んでいることが分かります。それを挽回するために借入金や資産売却によって資金を調達しているという状況です。存続が危ぶまれますが、資金調達が可能であることから、持ちこたえる可能性もあります。

26 決算書のほかの書類にも注意しよう

株主資本等変動計算書で純資産の増減が分かる

株主資本等変動計算書とは、貸借対照表の純資産の部を株主資本と評価・換算差額等、新株予約権の3つに分け、前期末から当期末にかけてどう変化したのかを表すものです。

株主資本等変動計算書は株主の関心も高い

株主資本等変動計算書は、株主への配当金の額や会社の任意積立金の額などが示されます。そのため株主が注目する決算書の1つとなっています。

株主資本等変動計算書

	株主資本					評価・換算差額等合計	新株予約権	純資産合計
	資本金	資本剰余金合計	利益剰余金合計	自己株式	株主資本合計			
前期末残高	10,000	600	2,900		13,500	1,000		14,500
当期変動額合計	2,000	500	1,200		3,700	20		3,720
当期末残高	12,000	1,100	4,100		17,200	1,020		18,220

前期の貸借対照表

純資産の部	
株主資本	
資本金	10,000
資本剰余金	600
利益剰余金	2,900
評価換算差額等	
その他有価証券評価差額金	1,000
純資産合計	14,500

当期の貸借対照表

純資産の部	
株主資本	
資本金	12,000
資本剰余金	1,100
利益剰余金	4,100
評価換算差額等	
その他有価証券評価差額金	1,020
純資産合計	18,220

株主資本等変動計算書は、必ず貸借対照表の純資産の部と一致します。上の株主資本等計算書は簡略的なもので、実際は剰余金の配当、当期純利益などが詳しく分かるようになっています。

注記表は決算書の重要な情報

注記表とは、貸借対照表や損益計算書の作成時に数字では表すことのできない注意書きを記した、いわば貸借対照表と損益計算書の説明書のようなものです。

注記表に記載される事項

注記表には、主に①重要な会計方針に係る事項に関する注記、②株主資本等変動計算書に関する注記、③その他の注記が記載され、必要に応じて貸借対照表等に関する注記、損益計算書に関する注記、税効果会計に関する注記などが記載されます。

注記とその内容

それぞれの注記にはどのような内容が書かれているのかを確認しておきましょう。

重要な会計方針に係る事項に関する注記

- 有価証券の評価基準及び評価方法
- 棚卸資産の評価基準及び評価方法
- 固定資産の減価償却の方法
- 引当金の計上基準　など

株式資本等変動計算書に関する注記

- 年度末日における発行済株式の数
- 年度末日における自己株式の数
- 事業年度中に行った剰余金に関する次の事項
  ⓐ 金銭配当の場合は、その金銭の総額
  ⓑ 現物配当の場合は、その財産の帳簿価額の総額　など

その他の注記

- 財産または損益の状態を正確に判断するために必要な事項

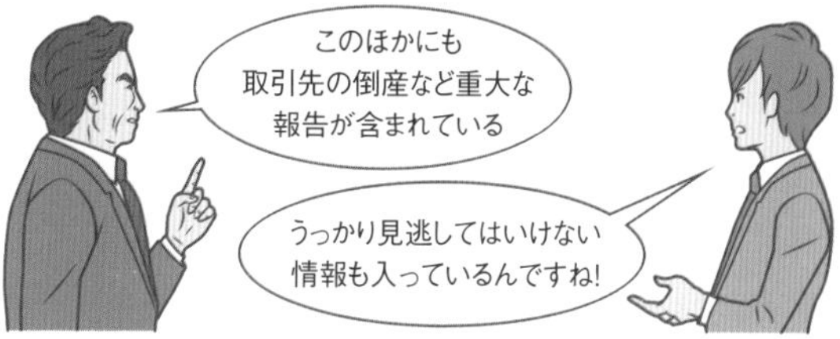

27 グループ企業は連結決算で評価する

連結決算で正確に企業の経営を把握

連結決算とは1つの会社だけでなく、グループ全体の成績を表すための決算です。グループ企業では、グループ内の取引によって各会社の実力が正確に表せない場合があります。そこで連結決算が必要となります。なお、連結決算に対し、1つの会社の決算を**単体決算**もしくは**個別決算**といいます。

単体決算では売上実態が見えない

単体決算の場合、グループ会社内での取引によって、親会社の売上を多く見せかけることなどが可能になります。このような場合、親会社の決算だけを見て判断するのは、売上の実態が見えず危険です。

親会社の見せかけの売上計上

売れない在庫商品を子会社に売りつける

子会社には売れない商品の在庫がたまる

黒字

赤字

親会社の単体決算しか見なければ、
親会社は販売力のある商品を持つ優良会社のように見えます。

連結決算でグループ全体の業績をまとめる

連結決算を作成するときは、グループ内企業の単体決算を合算し、その中からグループ内取引に相当するものを除外します。このことによりグループ全体としてどのくらいの資産、負債、純資産、収益、費用があるかが分かるようになります。

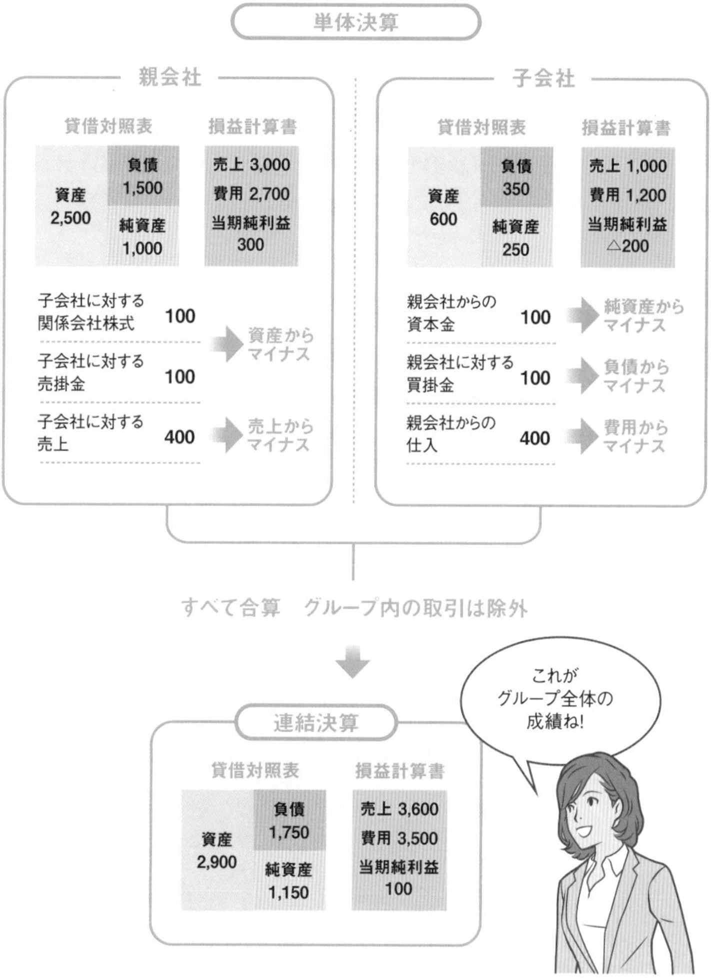

Column 03

決算書を手に入れるには?

上場企業はWebサイトから

株式会社は、年に1度決算書を公表することが会社法によって義務づけられています(決算公告)。新聞などに掲載することもありますが、上場企業であればたいていは自社のWebサイトで公表しています。また上場企業には、決算書を含めた有価証券報告書を作成し、公開する義務があり、その有価証券報告書はEDINETと呼ばれるWebページで検索することができます。

中小企業は実質的に入手困難

中小企業にも同様に決算公告する義務があり、怠った場合などは社長に100万円以下の過料が課せられる場合があります。しかし、現実には中小企業で決算公告を行っている会社はほとんどありません。以下のサービスでも入手できない場合は、直接問い合わせるのも手でしょう。

決算書が手に入るWebページ

EDINET
金融庁による有価証券報告書のデータベース
http://disclosure.edinet-fsa.go.jp

帝国データバンク(有料)
帝国データバンクによるインターネット決算公告サービス
http://www.tdb.co.jp/service/u/1000.jsp

TKC計算書類公開データベース
税理士・公認会計士による全国ネット
http://www.123.tkcnf.or.jp/

会社のWebサイトで決算書を探す場合は、「会社案内」「IR」「投資家の皆様へ」といったページを探しましょう!

Chapter 04

仕事から財テクまで活用できる経営分析

01 経営分析は安全・収益・成長・効率で見る

経営分析は多角的に実力診断

会社が順調な経営を行っているかどうかを決算上の数値を使い、分析することを**経営分析**といいます。経営分析によって、安全性、収益性、成長性、効率性を評価することで、その会社の実力を知ることができます。

実数分析と比率分析

経営分析の手法には**実数分析**と**比率分析**の2つがあります。実数分析は決算書に書かれた数字をそのまま使います。比率分析は決算書の数字からさまざまな指標を導き出して分析する方法です。比率分析というと難しく感じますが、実際にはシンプルな計算で済むものがほとんどです。

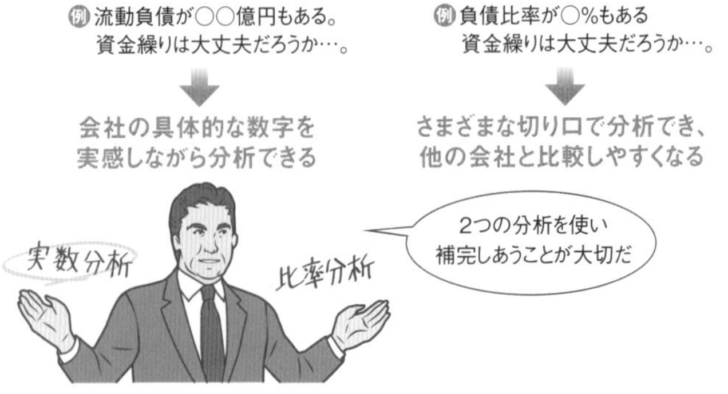

経営分析で重要な4つの視点

経営分析は、安全性、収益性、成長性、効率性という4つの視点で見る必要があります。その会社の姿がより明確になると同時に、ポイントを絞った分析が可能になります。また、決算書は見る立場によって重視するポイントも異なってきます。

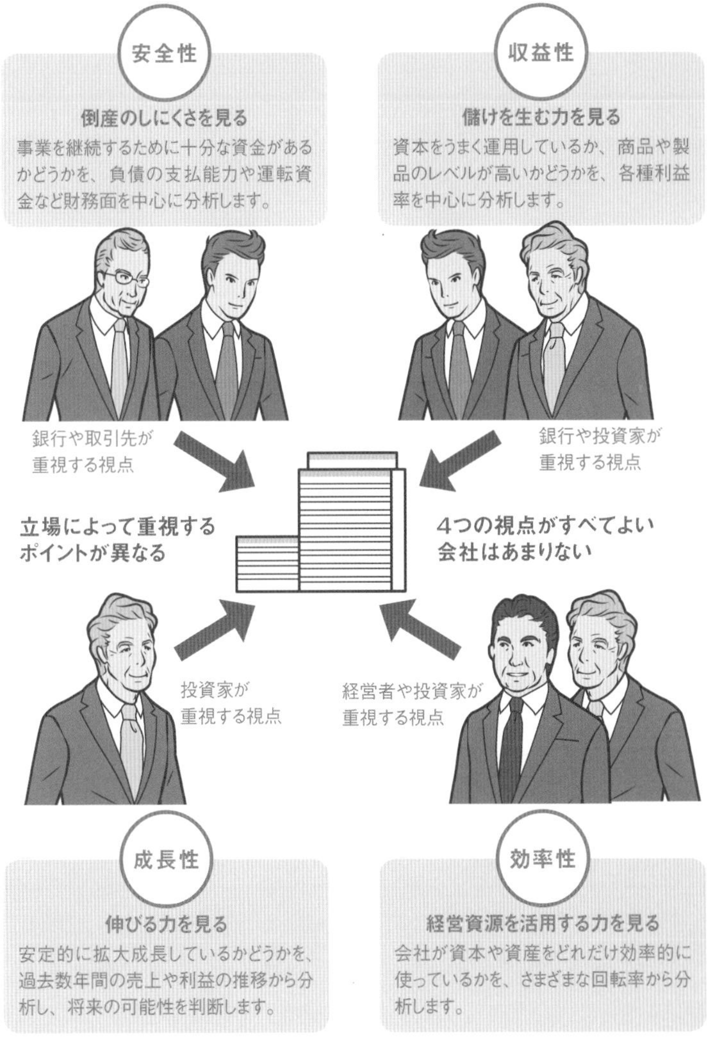

02 経営分析は過去実績・同業他社と比較する

比較で改善策や将来性を明らかに

経営分析は比較することが不可欠です。1つの期だけの決算書を見ても、そこから分かることは限られています。過去の決算書や同業他社と比較することでその会社に必要な改善策や将来の姿が見えてくるのです。

時系列比較で経営努力や将来の姿を予想する

過去と比較することを**時系列比較**または**年次比較**といいます。最も一般的なのは前期と当期を比較する2期比較です。しかし、より詳しく会社の姿をとらえたいなら、最低でも5期にわたって比較する必要があります。過去との比較で会社の業績を具体的に把握して、今後の経営に生かしましょう。

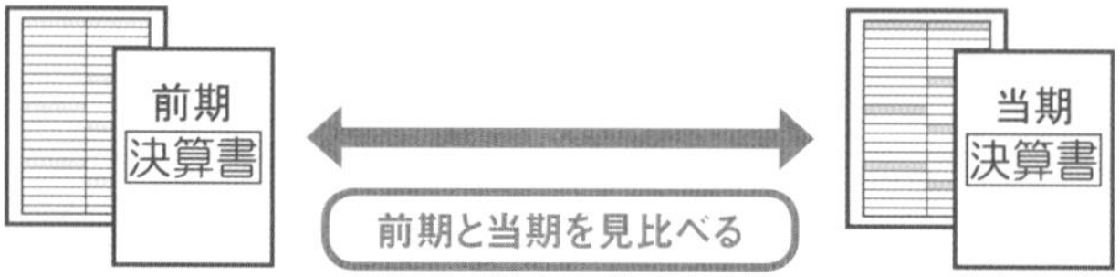

伸びている部分、落ち込んでいる部分が明らかになり、
経営努力が分かるとともに、
今後必要な改善策や将来の姿が予想できる

☑決算書で分からないことも分析から想像できる

その会社の経営戦略や商品の優劣は決算書から直接知ることはできません。しかし、決算書を分析比較することで、予想することができます。その予想に基づいてより細かく決算書を点検しましょう。

同業他社比較で問題点が浮き彫りになる

1つの会社の決算書を見るだけでは、その結果が会社特有の問題なのか、業界全体の問題なのかが分かりません。例えば、1つの会社の業績だけでなく、同業他社も同様に落ち込んでいるならば、業界全体の傾向としてとらえることができます。

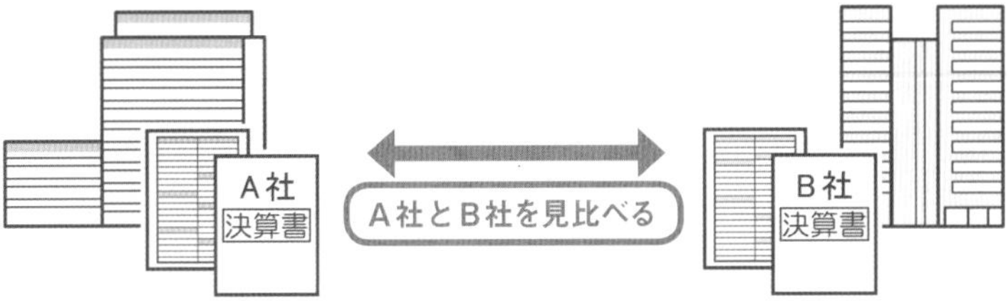

その会社の強いや弱み、問題点が浮き彫りになる。
また業界全体の傾向をつかむこともできる

経営分析の手順

経営分析は、安全性、収益性、成長性、効率性のどの視点を見るのかを決め、その指標を計算するために必要な数値を抜き出すことから始まります。そのうえで過去との比較、同業他社との比較を行うとよいでしょう。

経営分析は次の手順で

数値を抜き出す
指標を計算するために必要な数値を貸借対照表、損益計算書などから抜き出します。

↓

指標を計算する
抜き出した数値から、それぞれの視点に合わせた指標を計算します。

↓

過去と比較する
その会社の過去の決算書から指標を計算し、当期の数値と比較します。

↓

同業他社と比較する
同業他社の決算書からも同じ指標を抜き出して比較します。1社だけでは分からない問題点を発見します。

03 安全性の指標①流動比率

流動比率で短期の返済能力を見る

安全性を確かめる第１の指標は、**流動比率**です。流動資産と流動負債のバランスを見る流動比率によって会社の短期間の返済能力を確かめることができます。短期の返済能力が高ければ、資金繰りに大きな問題はなく、倒産などの差し迫った危機はないと考えることができます。

流動比率の計算方法

流動比率は流動資産を流動負債で割って計算します。返済期限が1年以内の負債に対する、現金化が1年以内の資産の割合を算出することで、年間の返済資金の余力を確かめます。

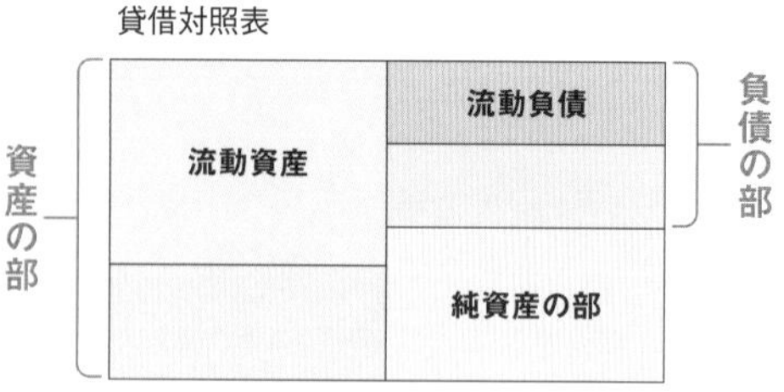

流動資産

1年以内に現金になる資産（現金、売掛金、受取手形など）

流動負債

1年以内に返済が必要な負債（買掛金、支払手形、短期借入金など）

流動比率（%）＝流動資産÷流動負債×100

- 流動比率は数値が高いほどよい
- 100%以下は危険信号
- 200%以上であれば優良な会社といえる

流動比率で同業他社と安全性を比較する

流動比率を使って計算、比較してみましょう。規模の違う会社も、流動比率を使うことで、それぞれの安全性がはっきりとします。

A社の流動比率

貸借対照表　（単位：万円）

資産の部		負債の部	
流動資産		流動負債	
現金預金	600	支払手形	400
受取手形	600	買掛金	800
売掛金	1,000	短期借入金	1,000
有価証券	500	未払法人税等	200
商品	900	未払消費税等	400
前払費用	100	固定負債	
貸倒引当金	△20	社債	700
固定資産		長期借入金	900
有形固定資産			

流動資産：現金預金～貸倒引当金
流動負債：支払手形～未払消費税等

流動資産合計……3680万円
流動負債合計……2800万円

3680万円 ÷ 2800万円 × 100
＝約131%

流動比率　131%

A社の流動比率はひとまずは安心できるレベルで、1年以内の資金繰りに大きな問題はないといえます。ただし、回収まで時間のかかる売上債権や滞留在庫などを抱えている可能性もあります。流動比率が高いからといってそれだけでは安心できない場合もあるのです。

B社の流動比率

貸借対照表　（単位：万円）

資産の部		負債の部	
流動資産		流動負債	
現金預金	5,000	支払手形	8,000
受取手形	8,000	買掛金	7,000
売掛金	5,000	短期借入金	5,000
有価証券	2,000	未払法人税等	1,000
商品	1,000	未払消費税等	600
前払費用	300	固定負債	
貸倒引当金	△400	社債	800
固定資産		長期借入金	900
有形固定資産			

流動資産：現金預金～貸倒引当金
流動負債：支払手形～未払消費税等

流動資産合計…2億900万円
流動負債合計…2億1600万円

2億900万円÷2億1600万円
×100＝約97%

流動比率　97%

B社の流動比率は100%を切っており、返済能力に不安のある状況に陥っているといえます。1年以内の資金繰りに注意です。売上債権の回収期間を短くして、支払債務の支払期間を長くすることが大切でしょう。

A社とB社を比較したとき、一見するとB社のほうが、資産も多く資金も潤沢なように見えますが、流動比率で確認すると、資金繰りに問題を抱える可能性があるのはB社だと分かります。

04 安全性の指標② 当座比率

当座比率で即時返済能力を見る

流動比率に似た指標として、**当座比率**があります。当座比率は、当座資産と流動負債のバランスから会社のごく短期の返済能力を確かめるものです。いつでも現金化することのできる資産をどれぐらい持っているかが分かります。

当座比率の計算方法

当座比率は当座資産を流動負債で割って計算します。返済期限が1年以内の負債に対する、現金化しやすい資産の割合を確認することで、ごく短期の返済資金の余力をはかります。

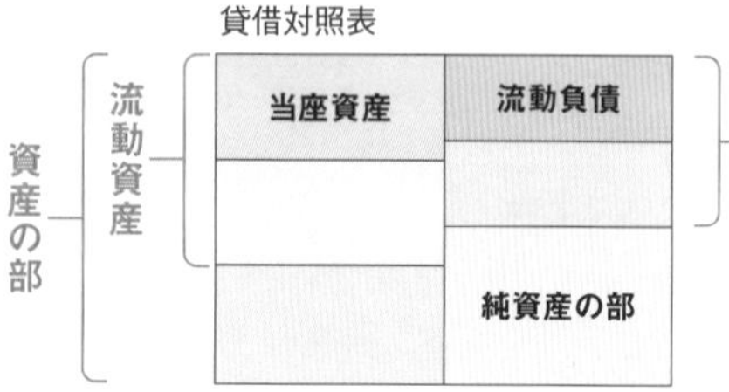

当座資産

すぐに現金化できる流動資産（現金・預金、売掛金、受取手形、MMFやMRFなど）
※商品在庫など棚卸資産は含みません。

当座比率（%）＝当座資産 ÷ 流動負債 × 100

- 数値が高いほどよく、100%を上回れば優秀

☑ MMF（マネー・マネージメント・ファンド）とMRF（マネー・リザーブ・ファンド）

MMFとは、公社債や短期金融資産で運用される投資信託、MRFは公社債を中心に運用される投資信託のことです。ともに会社の短期の資産運用に利用されます。

当座比率で同業他社と安全度を比較する

当座比率を使って計算してみましょう。流動比率よりもさらに会社の短期安全度を比較することができます。

A 社の当座比率

貸借対照表（単位：万円）

資産の部		負債の部	
流動資産		流動負債	
現金預金	600	支払手形	400
受取手形	600	買掛金	800
売掛金	1,000	短期借入金	1,000
有価証券	500	未払法人税等	200
商品	900	未払消費税等	400
前払費用	100	固定負債	
貸倒引当金	△ 20	社債	700
固定資産		長期借入金	900
有形固定資産			

当座資産（現金預金〜有価証券）　流動負債（支払手形〜未払消費税等）

当座資産合計……2700 万円
流動負債合計……2800 万円

2700 万円 ÷ 2800 万円 × 100
= 約 96%

当座比率　96%

A 社の当座比率は 96%で、優秀とはいえないものの、さほど心配するレベルではありません。業種にもよりますが、100%以上になるように経営努力を期待したいところです。

B 社の当座比率

貸借対照表（単位：万円）

資産の部		負債の部	
流動資産		流動負債	
現金預金	3,000	支払手形	8,000
受取手形	4,000	買掛金	7,000
売掛金	5,000	短期借入金	5,000
有価証券	2,000	未払法人税等	1,000
商品	7,000	未払消費税等	600
前払費用	300	固定負債	
貸倒引当金	△ 400	社債	800
固定資産		長期借入金	900
有形固定資産			

当座資産（現金預金〜有価証券）　流動負債（支払手形〜未払消費税等）

当座資産合計…1 億 4000 万円
流動負債合計…2 億 1600 万円

1 億 4000 万円 ÷ 2 億 1600 万円
× 100 = 約 65%

当座比率　65%

B 社の当座比率は 65%で、かなり厳しい状況です。流動比率が低いことを合わせると、早急に改善を行う必要があるといえるでしょう。

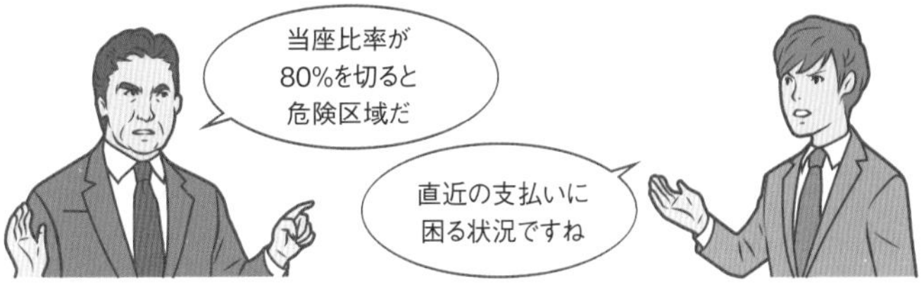

05 安全性の指標③ 固定比率

固定比率で設備投資の妥当性を見る

固定比率は、設備投資が自己資本の範囲内で行われているかどうかを調べる指標です。設備投資は会社にとって欠かせないものですが、過剰に行うと、やがて経営を圧迫する恐れがあります。

固定比率の計算方法

固定比率は、固定資産を純資産で割って計算します。固定比率が100%を上回っていると、純資産を超えた設備投資を行い、借入金に頼っていることになります。

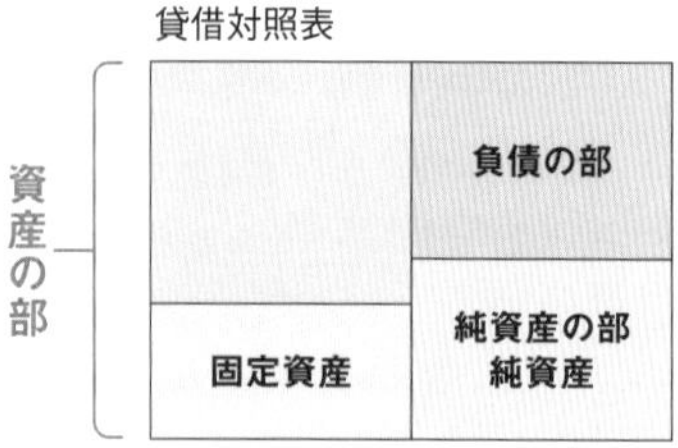

固定資産

現金回収まで1年を超える資産
（土地、建物、機械、投資有価証券など）

純資産（自己資本）

返済の必要がない資金
（資本金、利益剰余金など）

固定比率（%）＝ 固定資産 ÷ 純資産 × 100

- 固定比率は数値が低いほどよい
- 200%以上は危険信号

☑ 固定長期適合率

固定資産への投資が自己資本と固定負債の範囲内で行われているかどうかを確認するのが固定長期適合率です。「固定資産÷（自己資本+固定負債）×100」で計算します。

固定比率で同業他社と設備投資を比較する

固定比率によりそれぞれの会社の設備投資の妥当性が明らかになります。数値が高いほど安全性が低いことを意味します。

C 社の固定比率

貸借対照表

（単位：万円）

貸倒引当金	△		
固定資産		長期借入金	900
有形固定資産		退職給付引当金	300
建物	1,000	負債合計	2,640
車両	500	純資産の部	
土地	400	株主資本	
無形固定資産		資本金	2,000
ソフトウェア	510	資本剰余金	400
借地権	310	利益剰余金	1,200
電話加入権	10	評価換算差額等	
投資その他資産		その他有価証券評価差額金	100
投資有価証券	600		
固定資産合計	3,330	純資産合計	3,700

固定資産

純資産

固定資産合計…3330万円
純資産合計……3700万円

3330万円 ÷ 3700万円 × 100 = 90%

固定比率　90%

C 社の固定比率は 90%で、十分に安全です。純資産の範囲内で適切な設備投資が行われているといえるでしょう。

D 社の固定比率

貸借対照表

（単位：万円）

貸倒引当金	△		
固定資産		長期借入金	[illegible],000
有形固定資産		退職給付引当金	800
建物	8,000	負債合計	14,400
車両	3,000	純資産の部	
土地	5,000	株主資本	
無形固定資産		資本金	8,000
ソフトウェア	600	資本剰余金	1,900
借地権	700	利益剰余金	5,200
電話加入権	10	評価換算差額等	
投資その他資産		その他有価証券評価差額金	500
投資有価証券	1,200		
固定資産	18,510	純資産合計	15,600

固定資産

純資産

固定資産合計…1 億 8510万円
純資産合計……1 億 5600万円

1 億 8510万円 ÷ 1 億 5600万円 × 100 = 約 119%

固定比率　約119%

D 社の固定比率は 119%と高く、純資産を超える設備投資が行われています。固定長期適合率を使い、固定負債を含めた範囲内で投資が行われているか確認しましょう。

D 社の固定長期適合比率

D 社の固定負債は 5800万円であることが分かりました。
1 億 8510万円÷（1 億 5600万円 ＋5800万円）× 100 = 約 86%
固定長期適比率は、90%以内に収まり、ひとまずは安心といえるでしょう。
ただし、有用な固定資産に投資が行われているか、確認する必要があります。

06 安全性の指標④ 自己資本比率

自己資本比率で長期的な財務の安全度を評価

自己資本比率は、総資産に占める自己資本（純資産）の割合を示します。自己資本比率が高いということは、どれだけ借入金に頼らない経営をしているかという財務の安全度が分かります。

自己資本比率の計算方法

自己資本比率は、純資産を総資産で割って計算します。比率が高ければ、借入金が少なく、多くの資産が自己資本でまかなわれているということができます。また、利益が十分に蓄積されているといえます。

貸借対照表

資産の部 ＝ 総資産	負債の部
	純資産の部 純資産

総資産

資産の部の合計
総資本（負債＋純資産）も同額

純資産（自己資本）

返済の必要がない資金
（資本金、利益剰余金など）

自己資本比率（％）＝ 純資産 ÷ 総資産 × 100

- 自己資本比率は数値が高いほどよい
- 50％以上であれば優良な会社

自己資本比率で同業他社と財務の安全度を比較する

自己資本比率が高いほど、借入が適切な範囲で行われている財務の安全度が高い会社といえます。

E 社の自己資本比率

貸借対照表

（単位：万円）

資産の部		負債の部	
流動資産合計	4,000	流動負債合計	1,600
有形固定資産合計	2,500	固定負債合計	1,000
無形固定資産合計	200	負債合計	2,600
投資その他資産合計	1,100	純資産の部	
		純資産合計	5,200
資産の部合計	7,800	負債・純資産の部合計	7,800

総資産

純資産

総資産… 7800万円

純資産合計… 5200万円

5200 万円 ÷ 7800万円

× 100 = 約 67%

E 社の自己資本比率は約 67%あり、十分に安全といってよいでしょう。

F 社の自己資本比率

貸借対照表

（単位：万円）

資産の部		負債の部	
流動資産合計	18,380	流動負債合計	14,400
有形固定資産合計	11,500	固定負債合計	14,000
無形固定資産合計	530	負債合計	28,400
投資その他資産合計	7,100	純資産の部	
		純資産合計	9,110
資産の部合計	37,510	負債・純資産の部合計	37,510

総資産

純資産

総資産… 3 億 7510 万円

純資産合計… 9110 万円

9110 万円 ÷ 3 億 7510 万円

× 100 = 24%

F 社の自己資本比率は、24%とやや低い値です。このままでは今後経営が不安定になる可能性があります。追加で出資してもらうか（増資）、利益を剰余金として内部留保していくことで、自己資本を充実させていくことが大切です。

☑内部留保

利益を会社の中に、任意積立金、利益準備金、繰越利益剰余金としてとっておくことをいいます。それに対し、株主への配当として支払うことを外部流出といいます。

07 安全性の指標⑤ 負債比率と売上高営業CF比率

負債比率で借入金への依存度を知る

会社の借入金が過剰ではないかを測る指標として**負債比率**があります。会社が事業を行うにあたって、借入金は欠かせないものですが、過剰な借入金は大きな利子負担になり、不安定な経営のもととなります。負債比率の数字が高いほど会社の安全性が低くなります。

負債比率の計算方法

負債比率は、有利子負債を純資産で割って計算します。比率が高いほど多くの借入金に頼っているといえます。

貸借対照表

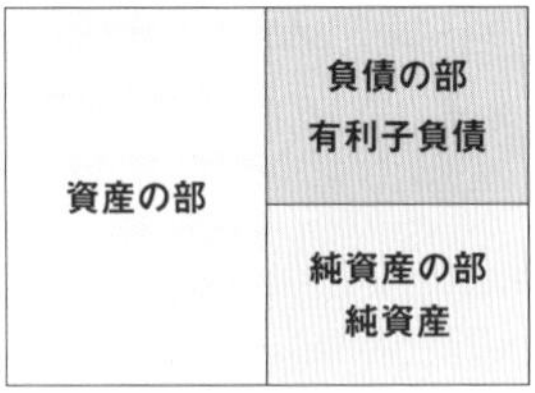

有利子負債

負債の部の中にある利子付きの借入金
（主に短期借入金、社債、長期借入金）

純資産（自己資本）

返済の必要がない資金
（資本金、利益剰余金など）

負債比率（%）＝ 有利子負債 ÷ 純資産 × 100

- 負債比率は数値が低ければ低いほどよい

以下の会社の場合
　有利子負債……3000万円／純資産……4400万円
　3000万円 ÷ 4400万円 × 100 = 約68%

負債比率は68%となり、やや大きいといえます。同業他社と比較し、極端に大きくないかチェックしましょう。

売上高営業CF比率で黒字倒産の危険性を知る

売上高営業CF比率は、損益計算書とキャッシュフロー計算書を使って、会社の安全性を測る指標です。売上高営業CF比率が高ければ、売上がきちんと現金化されていることを表し、黒字倒産は考えにくいとされます。

売上高営業CF比率の計算方法

売上高営業CF比率は、営業CFを売上高で割って計算します。比率が低いときは現金不足を意味しています。利益が出ていても安全とはいえません。

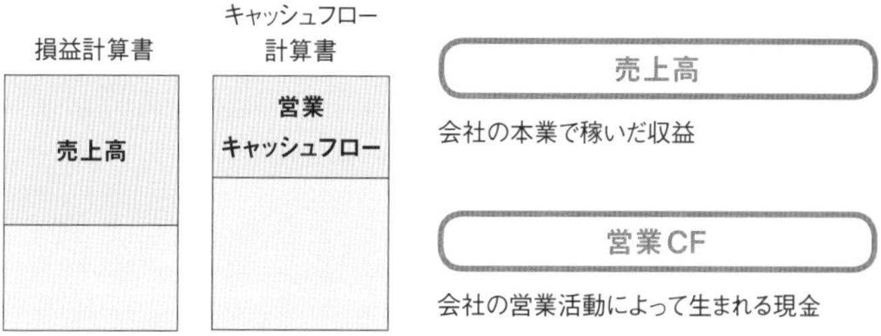

売上高営業CF比率(%) = 営業CF ÷ 売上高 × 100

- 売上高営業CF比率は数値が高いほどよい

以下の会社の場合

売上高……3億／営業キャッシュフロー……2000万円

2000万円 ÷ 3億 × 100 = 7%

売上高営業キャッシュフロー比率は7%とかなり低く、売上が多くあがっているにもかかわらず、現金が不足している状態です。債権の回収期間を短くするなど、早急に改善していく必要があります。

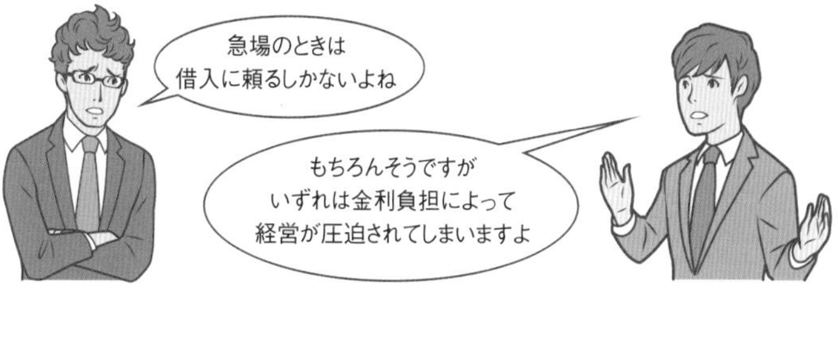

08 収益性の指標① 売上高総利益率・売上高営業利益率・売上高経常利益率

売上高総利益率で利益を出しやすい体質かを見る

売上高総利益率は、粗利益率ともいい、その会社が利益を生み出しやすい体質かどうかを大きくつかむことができます。

売上高総利益率の計算方法

売上高総利益率は、売上総利益を売上高で割って計算します。売上高総利益率が高いのは、仕入コストを抑えて、商品価値を高めて販売しているということ。利益を生みやすい体質だといえます。逆に売上高総利益率が低ければ、売上が高くても利益があがらず、赤字になりやすい体質といえます。

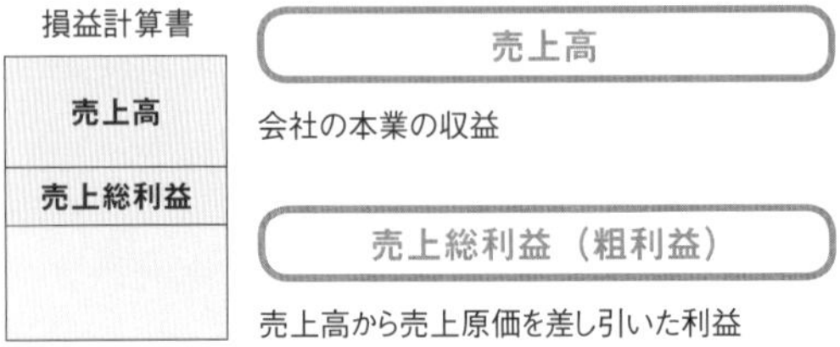

売上高総利益率（%）＝ 売上総利益 ÷ 売上高 × 100

- 売上高総利益率は数値が高いほどよい

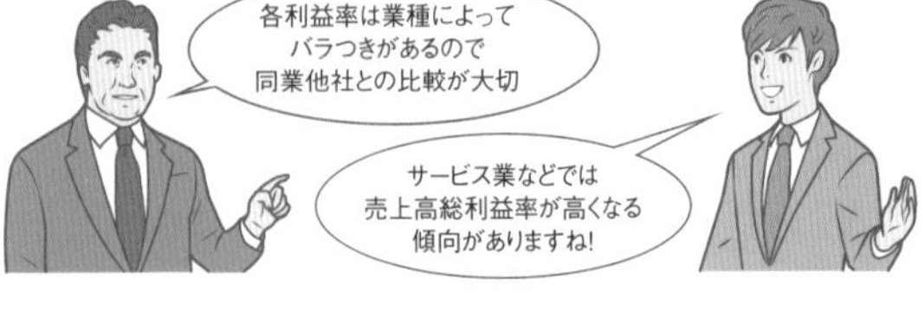

売上高営業（経常）利益率で会社の本業力と総合力をつかむ

売上高営業利益率は営業利益から本業で儲ける力をチェックします。**売上高経常利益率**は財務的な損益も含めた会社の総合的な儲ける力を確認できます。

売上高営業利益率と売上高経常利益率の計算方法

売上高営業利益率は営業利益を売上高で、売上高経常利益率は経常利益を売上高で割って計算します。2つの利益率で、経費のコストダウンや財務面でのコストダウンができているかが分かります。

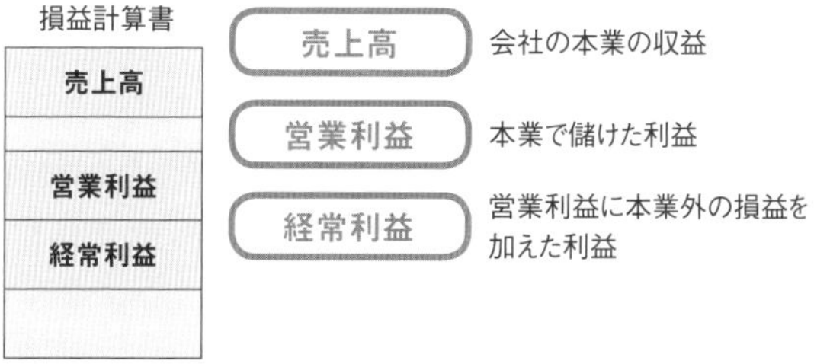

売上高営業利益率（%）＝ 営業利益 ÷ 売上高 × 100

売上高経常利益率（%）＝ 経常利益 ÷ 売上高 × 100

- 売上高営業（経常）利益率は数値が高いほどよい

3つの利益率で収益性をつかむ

下の損益計算書から各利益率を計算してみましょう。

損益計算書

（単位：万円）

科目	
売上高	9,000
売上原価	5,900
売上総利益	3,100
販売費及び一般管理費	2,300
営業利益	800
営業外収益	300
営業外費用	400
経常利益	700
特別利益	200
特別損失	300
税引前当期純利益	600
法人税・住民税及び事業税	400
当期純利益	200

売上高総利益率

3100万円÷9000万円×100＝約34%

売上高営業利益率

800万円÷9000万円×100＝約9%

売上高経常利益率

700万円÷9000万円×100＝約8%

09 収益性の指標② 総資産利益率

会社の総資産を効率的に活用できているかを知る

総資産利益率とは、会社の全財産が利益をあげるためにどれだけ効率的に使われているかを知る指標です。英語では「Return On Assets」といい、その頭文字を取って、ROAとも呼ばれます。

総資産利益率の計算方法

総資産利益率は損益計算書の当期純利益を貸借対照表の総資産（総資本）で割ります。また総資産経常利益率と呼ばれる指標もあります。経常利益を総資産で割り、特別損益の影響を受ける前の会社の実力でどれだけ利益をあげることができるかが分かります。

総資産

資産の部の合計
総資本（負債+純資産）も同額

経常利益

営業利益に本業外の損益を加えた利益

当期純利益

会社の最終的な利益

総資産利益率（%）＝ 当期純利益 ÷ 総資産 × 100
総資産経常利益率（%）＝ 経常利益 ÷ 総資産 × 100

- 総資産利益率・総資産経常利益率は数値が高いほどよい
- 総資産利益率 1%以上、総資産経常利益率 5%以上が適正値

総資産利益率で利益を生みやすい体質かが分かる

総資産利益率は、株や預金に投資したときの利回りのようなものと考えるとよいでしょう。その事業に投資した結果どの程度儲けることができたかが分かります。

損益計算書　（単位：万円）

科目	
売上高	79,000
売上原価	47,300
売上総利益	31,700
販売費及び一般管理費	27,800
営業利益	3,900
営業外収益	300
営業外費用	2,800
経常利益	1,400
特別利益	200
特別損失	300
税引前当期純利益	1,300
法人税・住民税及び事業税	780
当期純利益	520

貸借対照表　（単位：万円）

総資産

資産の部		負債の部	
流動資産		流動負債	
現金預金	3,500	支払手形	4,600
受取手形	4,000	買掛金	3,500
売掛金	4,200	短期借入金	3,500
有価証券	4,100	その他	2,800
商品	2,800	固定負債	
その他	1,200	社債	4,500
固定資産		長期借入金	5,500
有形固定資産	11,500	退職給付引当金	4,000
無形固定資産	610	負債合計	28,400
投資その他資産	5,600	純資産の部	
		株主資本	8,610
		評価換算差額等	500
		純資産合計	9,110
資産の部合計	37,510	負債・純資産の部合計	37,510

総資産利益率

520万円÷3億7510万円×100＝約1％

総資産経常利益率

1400万円÷3億7510万円×100＝約4％

総資産利益率約1％で許容範囲内、総資産経常利益率は約4％とやや低い状況です。資産を上手に活用するために、利益に結びつく設備投資を行う必要があるでしょう。

自己資本利益率の計算方法

自己資本利益率は、ROE（Return On Equity）ともいい、会社が自己資本（純資産）を有効に使って収益をあげているかを知る指標です。当期純利益を純資産で割って計算します。ROEが高いと、少ない自己資本で効率的に利益をあげているということができます。

ROE（％）＝当期純利益÷純資産×100

- 自己資本利益率は数値が高いほうがよいが高すぎれば危険
- 10～20％ぐらいがよい

10 効率性の指標 回転率

回転率で資産の効率的な運用度が分かる

効率性は、**総資産回転率**、**自己資本回転率**、**固定資産回転率**の3つで確認できます。それぞれ会社が使ったお金や資産がどの程度売上に変わっているかが分かり、効率的な運用が行われているかが確認できます。

回転率の計算方法

回転率は、売上高を総資産、純資産（自己資本）、固定資産のそれぞれで割って調べます。どの回転率も多いほど効率的な運用ができており、売上を生みやすい経営だということができます。

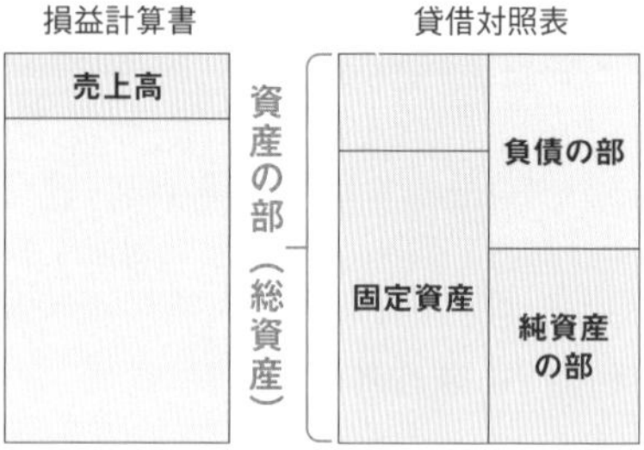

売上高

会社の本業で稼いだ収益

総資産

資産の部の合計
総資本（負債+純資産）も同額

純資産（自己資本）

返済の必要がない資金
（資本金、利益剰余金など）

固定資産

現金化まで1年を超える資産
（土地、建物、機械、投資有価証券など）

総資産回転率（回）＝売上高÷総資産

会社が総資産（総資本）が年間にどの程度売上として回収されるかを判断します。

自己資本回転率（回）＝売上高÷純資産

純資産（自己資本）が年間にどの程度売上として回収されるかを判断します。

固定資産回転率（回）＝売上高÷固定資産

固定資産が年間にどの程度売上として回収されるかを判断します。

回転率で効率性を確認する

回転率が高いほど、効率もよく、収益性も高いといえます。

損益計算書

（単位：万円）

科目	
売上高	79,000
売上原価	47,300
売上総利益	31,700
販売費及び一般管理費	27,800
営業利益	3,900
営業外収益	300
営業外費用	2,800
経常利益	1,400
特別利益	200
特別損失	300
税引前当期純利益	1,300
法人税・住民税及び事業税	780
当期純利益	520

貸借対照表

（単位：万円）

総資産

資産の部		負債の部	
流動資産		流動負債	
現金預金	3,500	支払手形	4,600
受取手形	4,000	買掛金	3,500
売掛金	4,200	短期借入金	3,500
有価証券	4,100	その他	2,800
商品	2,800	固定負債	
その他	1,200	社債	4,500
固定資産		長期借入金	5,500
有形固定資産	11,500	退職給付引当金	4,000
無形固定資産	610	負債合計	28,400
投資その他資産	5,600	純資産の部	
		株主資本	8,610
		評価換算差額等	500
		純資産合計	9,110
資産の部合計	37,510	負債・純資産の部合計	37,510

総資産回転率

7億9000万円÷3億7510万円＝約2.1回

自己資本回転率

7億9000万円÷9110万円＝約8.7回

固定資産回転率

7億9000万円÷1億7710万円＝約4.5回

回転率の目安は業種によって異なりますが、総資産回転率なら通常1回転以上、自己資本回転率は5回転以上が適正といわれます。また固定資産回転率は、製造業では2.5回転以上、流通業では5回転以上必要です。

☑商品回転率も効率性の指標

商品回転率（→P55）も効率性をチェックする指標の1つです。商品が素早く売上に変われば、それだけ効率よく稼げます。特に食品など鮮度が大切な商品は、商品回転率が高くなければ成り立ちません。

11 成長性の指標 伸び率

伸び率で会社の規模の拡大をとらえる

会社の成長性は、売上高や利益の年次比較を指標化する伸び率で知ることができます。主な指標には**売上高伸び率、営業利益伸び率、経常利益伸び率**があります。売上高伸び率が高ければ、会社の規模が拡大していることが分かります。

伸び率の計算方法

伸び率は、当期の金額から前期の金額を差し引き、それを前期の数値で調べます。営業利益伸び率や経常利益伸び率は、必ず売上高伸び率とセットで比較する必要があります。

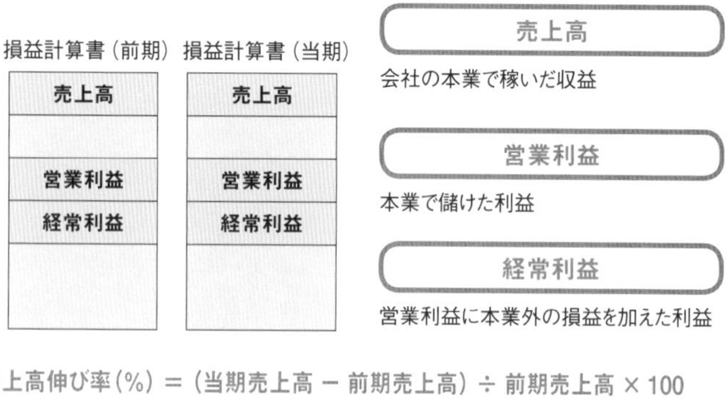

売上高伸び率（%）＝（当期売上高 － 前期売上高）÷ 前期売上高 × 100
会社の規模が拡大しているかどうかが分かります。

営業利益伸び率（%）＝（当期営業利益 － 前期営業利益）÷ 前期営業利益 × 100
会社の本業の規模が拡大しているかどうかが分かります。

経常利益伸び率（%）＝（当期経常利益 － 前期経常利益）÷ 前期経常利益 × 100
会社の総合的な力が拡大しているかどうかが分かります。

伸び率で成長性を知る

各伸び率とも、必ず同業他社や業界の平均と比較するようにしましょう。同業他社と比べて伸び率が低い場合は要注意です。

G社

損益計算書

（単位：万円）

科目	前期	当期
売上高	61,000	79,000
売上原価	36,000	39,300
売上総利益	25,000	39,700
販売費及び一般管理費	21,000	35,800
営業利益	4,000	3,900
営業外収益	350	300
営業外費用	2,500	2,800
経常利益	1,850	1,400
特別利益	180	200
特別損失	560	300
税引前当期純利益	1,470	1,300
法人税・住民税及び事業税	600	780
当期純利益	870	520

H社

損益計算書

（単位：万円）

前期	当期
415,000	468,000
234,000	273,000
181,000	195,000
164,000	175,000
17,000	20,000
6,200	5,200
15,900	15,600
7,300	9,600
2,960	3,580
1,320	2,450
8,940	10,730
3,600	8,300
5,340	2,430

G社の各伸び率

売上高伸び率
（7億9000万円－6億1000万円）÷6億1000万円×100＝約30％
営業利益伸び率
（3900万円－4000万円）÷4000万円×100＝約-2％
経常利益伸び率
（1400万円－1850万円）÷1850万円×100＝約-24％

H社の各伸び率

売上高伸び率
（46億8000万円－41億5000万円）÷41億5000万円×100＝約13％
営業利益伸び率
（2億円－1億7000万円）÷1億7000万円×100＝約18％
経常利益伸び率
（9600万円－7300万円）÷7300万円×100＝約32％

G社の売上高伸び率は高いものの、営業利益伸び率、経常利益伸び率ともにマイナスになっています。典型的な増収減益です。主な原因は、売上高の伸び以上に販管費が増えてしまったことでしょう。H社は売上高伸び率以上に、営業利益伸び率が高くなっており、販管費を抑えながらうまく売上を伸ばしているといえます。

12 決算書から危険な会社を見抜く

6つの指標で倒産しそうな会社を確認

安全性、収益性、効率性、成長性という4つの視点の基礎となる指標を紹介してきましたが、ここで危ない会社（倒産しそうな会社）を確認するときの代表的な6つの指標を振り返りましょう。

最低限チェックしたい指標とその目安

どの指標も貸借対照表と損益計算書から簡単に導くことができます。

指標	ポイント	製造業の目安	販売業の目安	危険な目安
商品回転率（→ P55）	在庫の適正度	12 回転	20 回転	製造業 6 回転以下 販売業 10 回転以下
流動比率（→ P138）	支払能力	150%	160%	100% 以下
当座比率（→ P140）	緊急支払能力	90%	90%	80%以下
固定比率（→ P142）	設備投資への支払能力	100%	120%	200%以上
総資産回転率（→ P152）	収益性	1 回転	2 回転	1 回転以下
固定資産回転率（→ P152）	設備投資の適正度	2.5 回転	5 回転	製造業 1 回転以下 販売業 2 回転以下

決算書は、まず上記の指標をチェックしましょう。危険な目安に当てはまる項目があれば、詳細に決算書の分析を進める必要があります。その会社の過去の決算書や同業他社と比較することで、ポイントや原因がよりはっきりします。

☑売上債権回転率でも危険度のチェックができる

売上高÷売上債権（受取手形+売掛金）で売上債権回転率が分かります。これは代金回収のスピードを知るための指標で、製造業で6回転、流通業で8回転が目安です。3回転以下なら危険といえるでしょう。

4つのポイントで粉飾決算を見破る

決算書に書かれた数値からさまざまな経営分析が可能ですが、その決算書の数値そのものが、正しく書かれていないこともあります。帳簿上の成績を上げるために実態と異なる数値をわざと記載することを**粉飾決算**といいます。

粉飾決算を見破る4つのポイント

粉飾された決算書には、必ずどこか不自然なところがあるものです。特に計上されるべきものが計上されていなかったり、額が少なかったりする場合は要注意です。次の4つのポイントに気をつけてみましょう。

①売掛金や期末在庫が増えている

売掛金が不自然に多い場合は、架空の売上を立てている場合や回収不能の売掛金を損失計上していない場合などが考えられます。また期末在庫が多いときも注意が必要です。期末在庫が増えれば売上原価が減って利益が増加するので（→P60）、滞留在庫（→P108）の損失をわざと計上しないなどの方法で粉飾することもあります。

②買掛金や未払金の額が小さい

買掛金や未払金の額が小さいときは、仕入にかかる買掛金や、そのほかの費用の未払金を計上せずに利益を増やそうとしている可能性があります。

③減価償却費の計上が少ない

減価償却すべき固定資産の額に対して、減価償却費の計上額が少ないときは、費用の計上を先送りして、利益を増やそうとしている可能性があります。

④引当金の計上が少ない

貸倒引当金や賞与引当金など、必要な引当金（→P100）の計上を少なく見積もることで、利益を増やすこともできます。粉飾とはいえない場合もありますが、将来の支出への備えを怠っており、経営的に不安定になる可能性があります。

粉飾決算は前期と比較することでより見つけやすくなります。

13 実践！経営分析①ヤマダ電機編

ヤマダ電機の決算書

実際の決算書の例として、家電量販店から3社を抜き出して比較したいと思います。まずは売上高業界１位（2019 年）のヤマダ電機です。

ヤマダ電機の貸借対照表

連結貸借対照表　（単位:百万円）

年度	2018	2019	年度	2018	2019
資産の部			負債の部		
流動資産			流動負債		
現金及び預金	52,040	51,681	支払手形及び買掛金	98,550	114,006
受取手形及び売掛金	45,968	62,848	短期借入金	129,796	237,096
商品及び製品	372,682	379,290	未払法人税等	4,757	10,701
原材料及び貯蔵品	5,121	4,311	その他	74,112	74,706
仕掛金	5,657	3,856	流動負債合計	307,221	436,515
その他	49,868	58,015	固定負債		
貸倒引当金	△ 1,840	△ 1,540	固定負債合計	279,606	155,933
流動資産合計	529,500	558,463	負債合計	586,827	592,448
固定資産			純資産の部		
有形固定資産合計	428,068	420,623	株主資本合計	582,127	586,210
無形固定資産合計	40,287	34,901	その他の包括利益累計額合計	3,391	2,273
投資その他の資産合計	177,711	170,053	新株予約権	1,153	1,493
固定資産合計	646,067	625,578	非支配株主持分	2,068	1,616
			純資産合計	588,740	591,593
資産合計	1,175,568	1,184,042	負債純資産合計	1,175,568	1,184,042

2019 年度

安全性

流動比率………… 約 127.9%
当座比率………… 約 26.2%
固定比率………… 約 105.7%
自己資本比率…… 約 49.7%

- 安全性を示す指標は、当座比率の低さが目につく。他の数字には問題がないが、直近で多額の支払いをする能力が低い
- 自己資本比率が 50% 近くあり、借金に頼らず堅実な経営をしている様子が伺える

※端数処理の関係で、各勘定科目の数値を合計したものと、資産合計などが異なる場合があります。
※項目を分かりやすくするために一部勘定科目を「その他」の項目にまとめています。

ヤマダ電機の損益計算書

連結損益計算表		(単位：百万円)
年度	2018	2019
売上高	1,573,873	1,600,583
売上原価	1,135,758	1,159,592
売上総利益	438,114	440,990
販売費及び一般管理費	399,351	413,126
営業利益	38,763	27,864
営業外収益合計	15,646	15,850
営業外費用合計	7,073	6,825
経常利益	47,335	36,889
特別利益合計	−	1,123
特別損失合計	7,321	12,915
税金等調整前当期純利益	40,014	25,097
法人税、住民税及び事業税	12,103	14,341
法人税等調整額	△ 1,018	△ 4,038
当期純利益	28,930	14,794

2019年度

収益性

売上高総利益率……約27.6%
売上高営業利益率……約1.7%
売上高経常利益率……約2.3%

効率性

総資産回転率………約1.4回
固定資産回転率……約2.6回

成長性(対前年度比)

売上高伸び率…………約1.7%
営業利益伸び率……約-28.1%
経常利益伸び率……約-22.1%

- 収益性の指標は、問題ないもののいずれも業界でもっとも悪い数字が並んでいる
- 効率性については、どちらも3社の中でもっとも低く、業界首位ながら手持ちの資産を上手く活用できていない様子が見られる
- 成長性は売上高伸び率だけがプラスで他がマイナスと、増収減益になっている。販管費の伸びを売上増でカバーできておらず、コストダウンが課題である
- 売上原価、販管費、特別損失の3つが前年より増えており、それぞれの収益の増加を相殺してしまっている。支出の内容や投資の適切性などは細かく分析するポイントになるだろう

ヤマダ電機のキャッシュフロー計算書

連結キャッシュフロー計算表		(単位：百万円)
年度	2018	2019
営業活動によるキャッシュフロー	61,689	36,023
投資活動によるキャッシュフロー	△ 12,668	△ 8,469
財務活動によるキャッシュフロー	△ 32,920	△ 27,461
現金及び現金同等物に係る換算差額	243	△ 244
現金及び現金同等物の増減額(△は減少)	16,345	△ 151
現金及び現金同等物の期首残高	34,981	51,326
現金及び現金同等物の期末残高	51,326	51,175

- 営業CF、投資CF、財務CFがプラス、マイナス、マイナスとなっており、優等生タイプのキャッシュフロー計算書(→ P126)といえる
- 営業CF以上に財務活動と投資活動を行なっている。営業CFが6割程度になったにも関わらず、他がそれほどに下がっていない。特に大きなウエイトを占める財務活動の内容は確認したい
- 固定負債が大きく減少し、投資活動が活発ではなくなったことから、新規の借入を控えて設備投資を抑える縮小傾向が伺える

14 実践！ 経営分析② エディオン編

エディオンの決算書

続いて、売上高では業界3位（2019年）のエディオンの決算書です。

エディオンの貸借対照表

連結貸借対照表 (単位:百万円)

年度	2018	2019	年度	2018	2019
資産の部			負債の部		
流動資産			流動負債		
現金及び預金	8,227	9,035	支払手形及び買掛金	47,130	31,139
受取手形及び売掛金	34,530	36,339	短期借入金	21,166	3,998
商品及び製品	111,703	96,686	未払法人税等	3,835	3,971
その他	11,660	10,435	その他	41,773	46,822
貸倒引当金	△63	△60	流動負債合計	113,907	85,934
流動資産合計	166,059	152,436	固定負債		
固定資産			固定負債合計	86,535	91,841
有形固定資産合計	137,758	139,970	負債合計	200,443	177,775
無形固定資産合計	8,772	8,202	純資産の部		
投資その他の資産合計	56,858	55,337	株主資本合計	175,323	184,870
固定資産合計	203,389	203,511	その他の包括利益累計額合計	△6,327	△6,698
			非支配株主持分	8	−
			純資産合計	169,005	178,172
資産合計	369,448	355,947	負債純資産合計	369,448	355,947

2019年度

安全性

流動比率…………約117.4%
当座比率…………約52.8%
固定比率…………約114.2%
自己資本比率……約50.1%

- 安全性を示す指標は、流動比率と当座比率が3社の中でもっとも高く、短期的な資金繰りはもっとも安全だと言える
- 自己資本比率が50%あり、借金などに頼らず独立性のある経営をしていることがわかる

エディオンの損益計算書

連結損益計算表		(単位：百万円)
年度	2018	2019
売上高	686,284	718,638
売上原価	488,119	508,818
売上総利益	198,165	209,820
販売費及び一般管理費	182,786	191,977
営業利益	15,378	17,842
営業外収益合計	1,444	1,782
営業外費用合計	655	735
経常利益	16,167	18,889
特別利益合計	939	357
特別損失合計	3,584	1,854
税金等調整前当期純利益	13,522	17,391
法人税、住民税及び事業税	5,363	5,900
法人税等調整額	△ 784	△ 142
当期純利益	8,943	11,633

2019年度

収益性

売上高総利益率…… 約29.2%
売上高営業利益率……約2.5%
売上高経常利益率……約2.6%

効率性

総資産回転率……… 約2.0回
固定資産回転率…… 約3.5回

成長性（対前年度比）

売上高伸び率…………約4.7%
営業利益伸び率…… 約16.0%
経常利益伸び率…… 約16.8%

- 収益性の指標は、売上高総利益率が3社の中でもっとも高い
- 効率性については、いずれも3社の中でもっとも良い数字になっている。他社に比べ効率的な経営ができている
- 成長性は増収増益で良い数字が並ぶ
- 特別損失が大きく減ったことで、当期純利益が大きく伸びている

エディオンのキャッシュフロー計算書

連結キャッシュフロー計算表		(単位：百万円)
年度	2018	2019
営業活動によるキャッシュフロー	21,553	28,304
投資活動によるキャッシュフロー	△ 8,944	△ 12,419
財務活動によるキャッシュフロー	△ 14,308	△ 15,077
現金及び現金同等物に係る換算差額	0	0
現金及び現金同等物の増減額（△は減少）	△ 1,699	808
現金及び現金同等物の期首残高	9,927	8,227
現金及び現金同等物の期末残高	8,227	9,035

- 営業CF、投資CF、財務CFがプラス、マイナス、マイナスとなっており、優等生タイプのキャッシュフロー計算書（→ P126）といえる
- 他社が投資CFのマイナス幅を小さくした中で、唯一活発に投資活動を行なっている。投資額としては問題のない範囲だが、同業他社が投資を控える中だけに、その内容は気になるところである
- 現金及び現金同等物の増減額は昨年のマイナスからプラスに転じた。率にすれば残高は1割ほど増えており、流動比率や当座比率を押し上げている

15 実践！ 経営分析③ ケーズデンキ編

ケーズデンキの決算書

売上高で業界4位（2019年）のケーズデンキの決算書です。

ケーズデンキの貸借対照表

連結貸借対照表 （単位:百万円）

年度	2018	2019	年度	2018	2019
資産の部			負債の部		
流動資産			流動負債		
現金及び預金	9,212	10,551	買掛金	47,883	46,220
売掛金	24,527	27,986	短期借入金	25,069	27,478
商品	135,093	144,974	未払法人税等	6,992	6,923
貯蔵品	132	107	その他	29,040	28,601
その他	6,403	7,202	流動負債合計	108,987	109,224
流動資産合計	175,370	190,822	固定負債		
固定資産			固定負債合計	52,310	45,149
有形固定資産合計	147,778	139,917	負債合計	161,298	154,373
無形固定資産合計	3,542	3,399	純資産の部		
投資その他の資産合計	76,967	76,017	株主資本合計	241,242	254,784
固定資産合計	228,288	219,333	その他の包括利益累計額合計	35	△82
			新株予約権	1,082	1,080
			純資産合計	242,360	255,782
資産合計	403,658	410,156	負債純資産合計	403,658	410,156

2019年度

安全性

流動比率………… 約174.7%
当座比率………… 約35.3%
固定比率………… 約85.7%
自己資本比率…… 約62.1%

- 安全性を示す指標は、固定比率の低さが目立つ。将来の成長に必要な投資まで抑えられていないかは、今後の収益性や成長性を見て確かめたい
- 自己資本比率は62.1％で、3社の中でもっとも高い。特に株主資本合計が高く、借金に頼らない経営をしていることがわかる

ケーズデンキの損益計算書

連結損益計算表		(単位：百万円)
年度	2018	2019
売上高	679,132	689,125
売上原価	487,499	495,338
売上総利益	191,632	193,786
販売費及び一般管理費	160,868	161,064
営業利益	30,764	32,722
営業外収益合計	7,302	7,154
営業外費用合計	1,405	1,338
経常利益	36,661	38,539
特別利益合計	308	546
特別損失合計	4,642	4,438
税金等調整前当期純利益	32,327	34,647
法人税、住民税及び事業税	11,511	12,301
法人税等調整額	△ 1,890	△ 1,461
当期純利益	22,706	23,807

2019 年度

収益性

売上高総利益率…… 約 28.1%
売上高営業利益率……約 4.7%
売上高経常利益率……約 5.6%

効率性

総資産回転率……… 約 1.7 回
固定資産回転率…… 約 3.1 回

成長性（対前年度比）

売上高伸び率…………約 1.5%
営業利益伸び率………約 6.4%
経常利益伸び率………約 5.1%

- 収益性の指標は、売上高総利益率こそ1番ではないが、売上高営業利益率、売上高経常利益率が 3 社の中でもっとも良く、コストを抑えた経営ができている
- その証拠に、売上原価と販管費の増加率はどちらも 3 社の中でもっとも低い
- 効率性については、総資産回転率がやや低い。資産に比べて売上高が低いためで、特に資産の約 35%を占める「商品」の詳細な内容が気になるところである
- 成長性は、いずれも悪くない数字が並んでいる

ケーズデンキのキャッシュフロー計算書

連結キャッシュフロー計算表		(単位：百万円)
年度	2018	2019
営業活動によるキャッシュフロー	37,483	25,206
投資活動によるキャッシュフロー	△ 10,901	△ 7,292
財務活動によるキャッシュフロー	△ 24,872	△ 16,574
現金及び現金同等物に係る換算差額	△ 0	0
現金及び現金同等物の増減額（△は減少）	1,708	1,339
現金及び現金同等物の期首残高	7,503	9,212
現金及び現金同等物の期末残高	9,212	10,551

- 営業 CF、投資 CF、財務 CF がプラス、マイナス、マイナスとなっており、優等生タイプのキャッシュフロー計算書（→ P126）といえる
- 3 社の中で唯一、現金及び現金同等物を 2 期連続で増やしている。昨期には業界3位のエディオンより多くなっているが、当座比率は低い状態が続いている
- 買掛金が減少する一方で、商品が増加していることが気になる。商品在庫の売れ残りについては、今後注目すべきポイントである

Column 04

株式投資で大切な指標

EPSで株の利益を生み出す力を見る

ここでは株式投資のときに重視される指標を紹介しましょう。その1つはEPS（1株あたり当期純利益）です。これは、投資した株式がどの程度利益を生み出したかを知る指標です。当期純利益を発行済株式数で割って計算します。額が高ければ、それだけその株の利益還元率が高いといえます。

EPS（円）＝ 当期純利益 ÷ 発行済株式数

PERで株のお買い得度を知る

PER（株価収益率）は、その株が生み出す利益と株価を比べて、割高か割安かを判断する指標です。株価を1株あたりの利益つまりEPSで割って計算します。PERが高ければ、それだけ株が生み出す利益に比べて、高い株価であり、割高だといえます。低ければ、その株は割安ということになります。

PER（倍）＝ 株価 ÷ EPS

例：I社、J社それぞれの株価、当期純利益、発行済株式数が以下の通りならば…

	I社	J社
株価	1800円	1800円
当期純利益	15万円	22万円
発行済株式数	300株	600株

I社
EPS=15万円÷300=500円
PER=1800÷500=3.6倍

J社
EPS=22万円÷600=約367円
PER=1800÷367=4.9倍

株価は同じでもI社のほうがお買い得だといえる

Chapter 05

仕事をサポートする経済学の超基本

01 会社の成績は景気変動の影響も受ける

景気とは経済活動の状態

会社の成績は景気の影響も強く受けます。**景気**とは世の中の経済活動の状態を指していう言葉で、経済活動が活発で勢いがある状態を「景気がよい（**好景気・好況**）」といい、経済活動が停滞し、勢いがなくなっている状態を「景気が悪い（**不景気・不況**）」といいます。

景気がよい・景気が悪い

好景気のときは、商品やサービスがよく売れて、会社の利益が増え、個人の所得も増え、そこでまた商品やサービスが売れて…と世の中のお金の流れがスムーズになります。逆に不況になれば、商品やサービスがあまり売れず会社も利益が下がり、所得が減り、そのために商品やサービスが売れず…と世の中のお金の流れは滞ってしまいます。

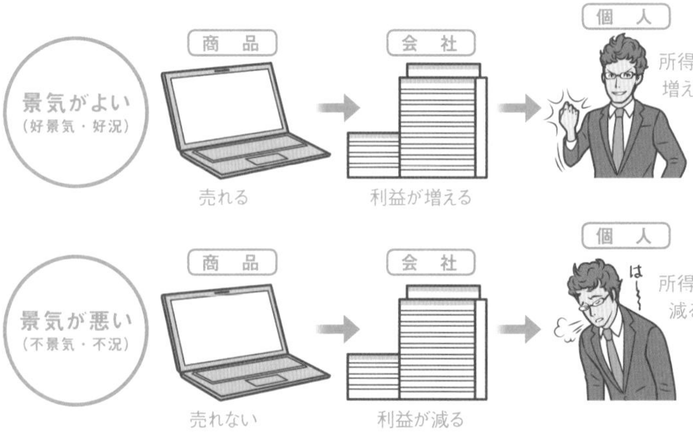

景気には4タイプの循環がある

景気は好景気→景気後退→不景気→景気回復→好景気というサイクルを繰り返しています。このことを**景気循環**といいます。こうした景気循環が起きる理由には、さまざまな説があり、それぞれ周期が異なります。

景気循環

景気循環の波

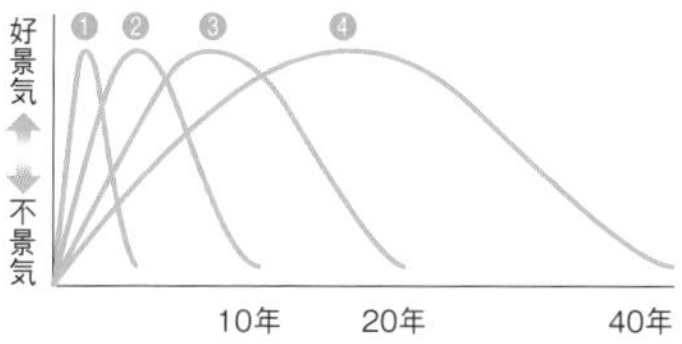

❶キチンの波（約40ヵ月周期）

企業の在庫調整に起因して繰り返される景気循環

❷ジュグラーの波（約10年周期）

企業の設備投資に起因して繰り返される景気循環

❸クズネッツの波（約20年周期）

住宅など建築物の建て替えに起因して繰り返される景気循環

❹コンドラチェフの波（約40年周期）

産業の技術革新に起因して繰り返される景気循環

景気を判断する

景気の動向は、政府が作成する月例経済報告によって発表されます。月例経済報告書は、景気の動きに敏感な指標を組み合わせた**景気動向指数**をもとにして作成されるもので、これが政府の公式見解となります。

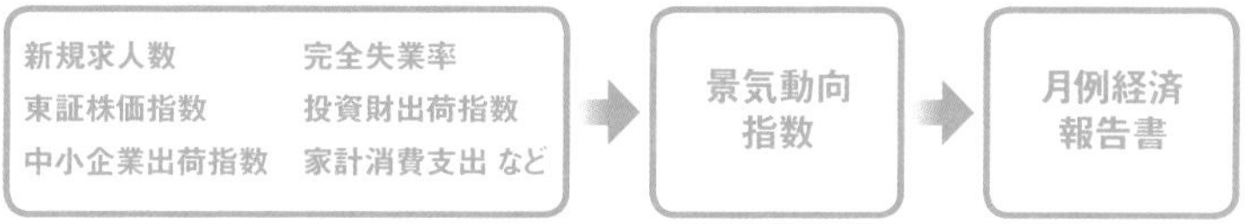

さまざまな指標から景気動向指数が作られ、それをもとに政府の景気判断が行われる

02 経済成長を見るGDPは付加価値の合計

GDPは経済成長の目安になる

GDP（国内総生産）とは、国内の経済活動によって生み出された付加価値の総額です。国の経済規模を表す重要な指標で、GDPの伸び率によって国の経済がどれだけ成長しているか知ることができます**（経済成長率）**。

付加価値は会社の生産額から原材料を差し引いたもの

付加価値とは、会社などが生産した商品（財）やサービスなどの生産額から原材料（中間投入物）の費用を差し引いたものです。会計で使う付加価値（→P34）と近いものととらえてよいでしょう。

GDPの成り立ち

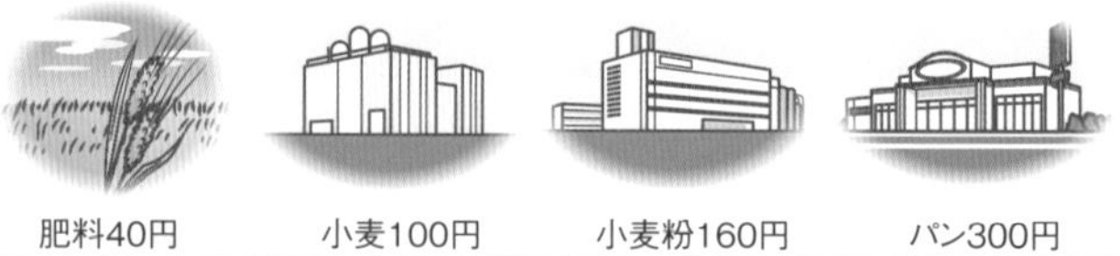

	農家	製粉会社	製パン会社	スーパー
費用	肥料40円	小麦100円	小麦粉160円	パン300円
生産額	小麦100円	小麦粉160円	パン300円	販売400円
付加価値	60円	60円	140円	100円

付加価値の合計 360円

※肥料の40円も肥料会社などの付加価値の一部ですので最終的なGDPに含まれます。

名目GDPと実質GDP

GDPには**名目GDP**と**実質GDP**があります。名目GDPはその年の市場価格をもとに算出したGDPです。実質GDPは名目GDPから物価変動（→P170）による影響を取り除いたGDPです。

（→P170）

名目GDPと実質GDPの違い

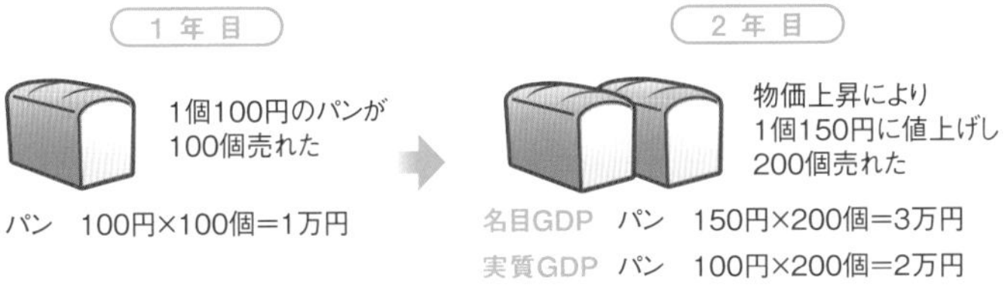

名目GDPが1年間に1.5倍に上昇していても、物価がやはり1.5倍に上昇していれば実質的に変化はないことになります。上記のパンの例では物価上昇分は含めず、個数（生産数）の上昇分だけを含めたものが実質GDPになります。

経済成長率とは

経済成長率とはGDPの伸び率のことで、その国の経済がどのように変化してるかが分かります。計算方法は「（今年度GDP－前年度GDP）÷前年度GDP×100」です。経済成長率には、名目GDPをもとに算出する**名目経済成長率**、実質GDPをもとに算出する**実質経済成長率**があります。

各国の経済成長率

先進国が高い成長率になることはあまりありません。また高い成長率を誇ってきた中国ですが、2007年ごろをピークに減速気味なのが分かります。

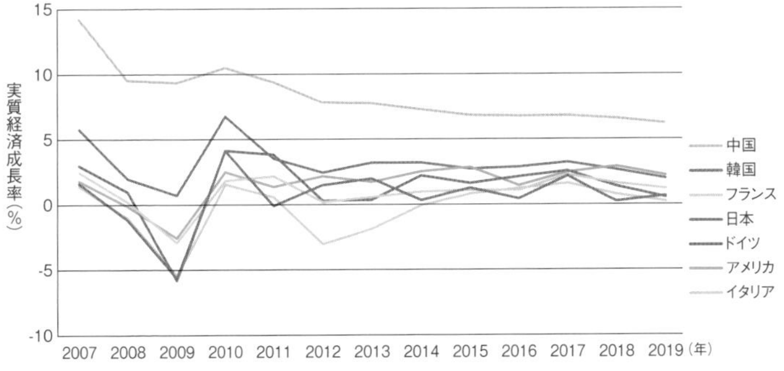

※IMF「World Economic Outlook Databases」より作成　一部予想値を含みます

03 物価を変化させる要因と物価指数

物価と価格の違い

物価とは、すべての商品やサービスの価格を平均的にとらえた価格水準のことで、1つひとつの商品の価格のように「○○円」と具体的な値段があるわけではありません。物価はさまざまな統計をもとに作られる指数で表されます。

物価は経済全体の需要と供給で決まる

1つひとつの商品の価格は、その商品に対する需要と供給で決まります。同様に物価の決める要因の1つとして上げられるのが経済全体の需要と供給のバランスです。需要が増加すると物価は上昇し、需要が減少すると物価は下落します。つまり需給のバランスの変化によって、物価が上下するのです。物価が上昇すれば、やがて需要が減り、供給が増えるため、物価は安定するようになります。逆も同様です。

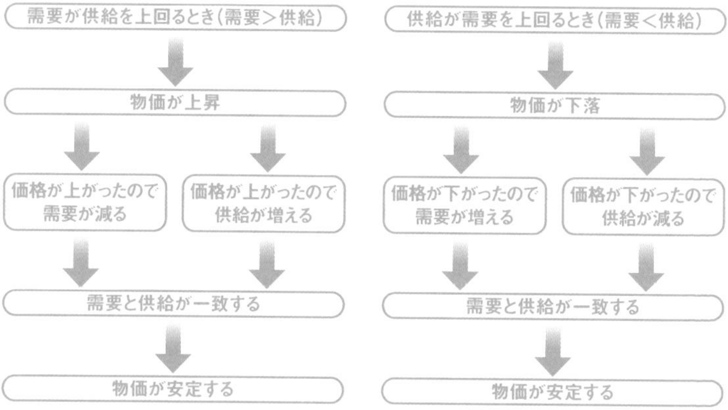

物価の需要と供給バランスを変える要因

物価はさまざまな要因によって変化します。例えば好景気で所得が増えれば需要が高まり、物価が上昇します。逆に不景気になれば、需要が減り、物価は下落します。ほかにも海外の社会情勢により原油などの原材料価格が上昇すれば、物価が上がります。また為替レート（→P182）の変化、規制緩和や税制改正などの経済政策、経済構造の変化、技術革新、マネーサプライ（→P176）などのさまざまな要素によって物価が変化します。

物価を変化させるもの		物価の動向
好景気	需要アップ →	上昇
不景気	需要ダウン →	下落
輸入制限	供給ダウン →	上昇
規制緩和	供給アップ →	下落

さまざまな物価指数

実際に物価を表す指数にはいくつかあります。代表的なものは、**消費者物価指数**、**企業物価指数**、**GDPデフレーター**の3つです。

3つの物価指数

消費者物価指数	消費者が日常的に購入する商品やサービスの価格の変動をとらえた指数
企業物価指数	企業間で取引される商品やサービスの価格の変動をとらえた指数
GDPデフレーター	全体的に物価をとらえる指数で、名目GDPを実質GDPで割ることで計算される

☑物価指数の計算と基準年

消費者物価指数や企業物価指数など多くの指数は、基準年を決め、その年の物価を100として、対象とする年の商品やサービスの価格の変化を比率計算した指数で表します。

04 インフレとデフレの問題点

インフレでお金の価値が下がる

インフレーション（インフレ）とは、物価が継続的に上昇することをいいます。インフレには、好景気によって需要が高まり商品やサービスの価格が上昇することで起きる**デマンドプル・インフレ**や、原油など原材料の高騰によって引き起こされる**コストプッシュ・インフレ**などがあります。

インフレの問題点

インフレの問題点の1つはお金（通貨）の価値が下がることです。例えば1個100円のあんパンがインフレで200円になったとします。これは、インフレ前は100円で1個買えていたあんパンが、インフレ後は半分しか買えないということ。それだけお金の価値が下がってしまったのです。その分、購入できる商品が減り（実質購買力の低下）、家計の負担になります。

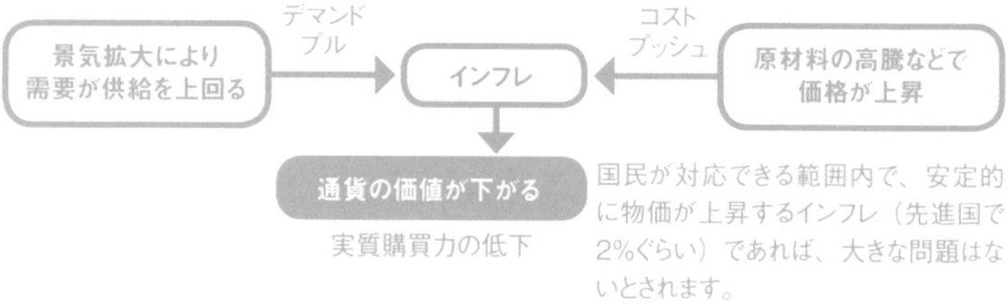

ハイパーインフレ
年に10倍、20倍などの急激な物価上昇のこと。政情不安など国の信用低下などによって発生します。

資産インフレ
地価や株価などの価格が上昇すること。投機などをきっかけに資産インフレが進み、地価や株価が適正価格からかけ離れるとバブル経済が発生します。

デフレは経済を停滞させる

デフレーション（デフレ）とは、物価が継続的に下がることをいいます。デフレの主な原因は、不景気によって需要が供給を下回ることにあります。需要が低くなると、会社は商品の価格を下げて売ろうとします。国全体にそうした状況が起きることでデフレになります。

デフレの問題点

デフレで商品の価格が下がるのは、消費者にとってよいことのように思えます。しかし、インフレとは逆に通貨の価値が上がるため、お金を稼ぐことが難しくなります。例えば1個100円のあんパンがデフレで1個50円になると、デフレ前は100円の売上にはあんパン1個で済んでいたのに、デフレ後は2個売らなければなりません。このようにしてデフレは会社の収益を下げ、経済を停滞させてしまうのです。

ただし、原材料や賃金などすべての価格が下がり、調整されれば問題はありません。問題になるのは、デフレでもすべてのものの価格が下がるわけではないからです。

デフレでも価格が下がらないもの

賃金　特に正社員の賃金は現実的には下げにくく、会社の利益を圧迫します。結果的に経済が停滞します。

借入金　例えばローンの返済額はデフレになっても変わりません。実質的には返済額が増えることになり、債務者の負担増や倒産などを生み、債権者にも影響を与えます。

デフレスパイラル

デフレによって不景気になり、不景気がさらにデフレを生み出し、また不景気が進む…。このような状況をデフレスパイラルといいます。

05 短期金利と長期金利は決定要因が異なる

金利はお金のレンタル料

金利とは、利息（利子）の割合のことです。利息はお金の貸し借りのときに生じるレンタル料のようなもので、例えば100万円を人に貸して、1年後に101万円返済してもらう約束をしたならば、1万円が利息（レンタル料）で金利は1%になります。

資金需要の増減に合わせて金利も上下する

金利を決める要因の1つは需要と供給です。景気が上向くと、会社が設備投資などを活発に行うなどして、国全体でより多くの資金が必要となります。つまりお金の需要が高まり、お金のレンタル料である金利は上昇します。逆に不景気のときには金利が下がります。

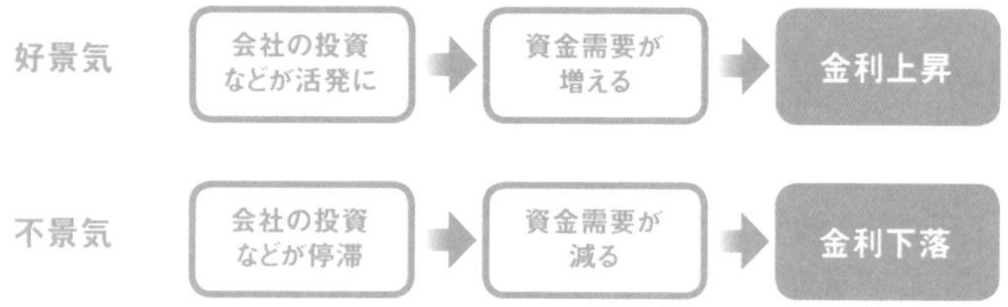

金利が上昇すれば借り入れが減り需要が抑えられ、景気も落ち着きます。

金利を決めるもの

金利は、お金の貸し借りを行う金融市場で決まります。金融市場は、1年未満の取引を行う**短期金融市場**と、1年以上の取引を行う**長期金融市場**の大きく2つに分かれます。

短期金利は日本銀行によって決められる

短期金融市場の1つである**銀行間取引市場（インターバンク市場）**にはごく短期の取引を行う**コール市場**があります。そこで扱われる**無担保コール翌日物**（無担保で翌日が期限の貸し借り）の金利に連動して短期の金利は決まります。無担保コール翌日物は金融政策（→P179）の操作対象である政策金利の役割を担っており、短期金利は日本銀行によって決められるといってよいでしょう。

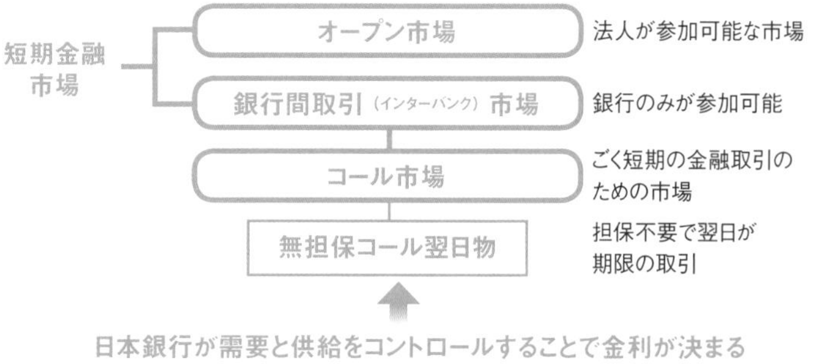

長期金融市場と長期金利の決まり方

長期金融市場には国債や社債などの取引を行う債権市場と、株の取引を行う株式市場があります。この中で長期金利の主な指標となるのは国債です。長期金利は、短期金利と異なり「予想」によって金利（利回り）が変化します。

長期金利の決定

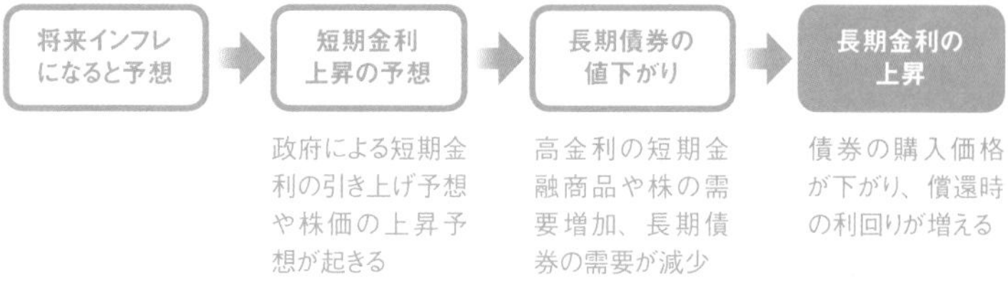

06 マネーストックとマネタリーベースとは?

マネーストックは世の中のお金の量

硬貨や紙幣の現金だけでなく、預金などを含めて、世の中に出回っているお金のことを**マネーストック(マネーサプライ)**といいます。具体的には、政府と銀行を除く個人や法人などが保有する通貨の残高です。実際に統計をとるときには、統計対象の範囲をどこまで含めるかによっていくつかの指標に分けられています。

マネーストック統計には4種類ある

マネーストックの基本となる通貨は、①現金通貨(日本銀行券発行高+貨幣流通高)、②預金通貨(普通預金や当座預金など)、③準通貨(定期預金など)、④譲渡性預金(CD)の4つです。また、投資信託や債券なども広い意味での通貨として含まれます。これらの通貨をどこまで含めるかによって、下表の4つの種類のマネーストックに分けられます。このうち代表的な指針になるのはM3です。

指標	通貨の範囲
M1	現金通貨・預金通貨
M2	現金通貨・国内銀行などに預けられた預金
M3	M1 +準通貨+譲渡性預金
広義流動性	M3 +投資信託・債権など

☑マネーストックとマネーサプライ

どちらも同じ意味と考えて問題ありませんが、日本銀行が現在、正式名称として使っているのはマネーストックです。一般用語としてマネーサプライが使われることもあります。

マネタリーベースと信用創造

マネタリーベースとは、日本銀行が金融機関に供給する通貨のことで、具体的には日本銀行券発行高、通貨流通高と日銀当座預金（→P178）の合計です。ハイパワードマネー、ベースマネーと呼ばれることもあります。

マネタリーベースがマネーストックを増やす

銀行は、日本銀行から供給されたマネタリーベースを原資にして、一般に貸出を行います。このとき信用創造という機能によってマネタリーベースの増加がマネーストックの増加につながります

信用創造でマネーストックが増える仕組み

銀行は個人などからお金を預かると、一定割合を支払準備に残し、それ以外の多くを貸出に回します。貸し出すときは預金を移しかえるわけではなく、貸し出す相手の預金口座の帳簿上の金額を増やすだけです。つまり銀行が貸出を行うだけで全体の預金が増加するのです。こうして銀行が貸出を繰り返すことで、預金つまりマネーストックが増える機能を**信用創造**といいます。

信用創造の仕組み

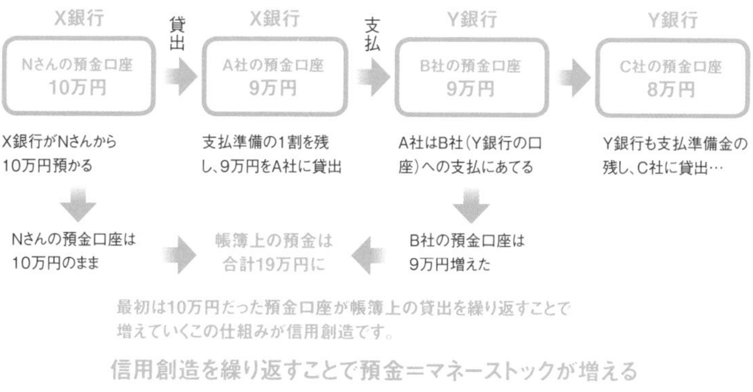

07 日本銀行の役割と金融政策の基本

日本銀行は日本の中央銀行

その国の**金融政策**の中心となる銀行を**中央銀行**といいます。日本の中央銀行は日本銀行です。日本銀行は政府から55%の出資と個人や企業からの出資で成り立ち、政府からは独立した存在です。

日本銀行の3つの役割

日本銀行には発券銀行・銀行の銀行・政府の銀行という3つの大きな役割があります。

発券銀行　日本国内で流通する紙幣はすべて日本銀行が独占的に発券しています。これによって日本国内の資金量をコントロールしているのです。

銀行の銀行　日本銀行が取引を行うのは政府と民間の金融機関だけです。日本銀行の当座預金を使い、銀行同士の取引の決済や融資を行います。

政府の銀行　政府は日本銀行内に口座を持ち、税金や国債の売却代金を納めます。為替介入など外国為替の事務を代行しています。

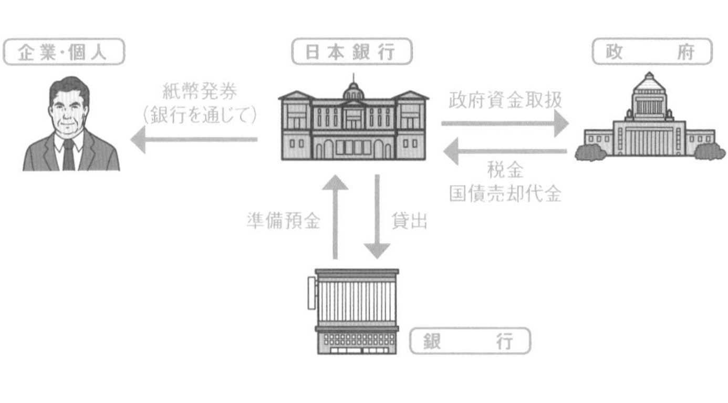

日本銀行の金融政策

物価を安定させるために、日本銀行は金融面から経済政策を行います。その手段には**公開市場操作**と**預金準備率操作**の2つがありますが、預金準備操作が行われることはほとんどありません。

公開市場操作の基本

日本銀行の金融政策の中心は公開市場操作です。公開市場操作とは、日本銀行が、目標金利を決めて、公開市場から債券や手形などの有価証券を売買し、マネタリーベース（→P177）の量を調整することをいいます。その際、目標とするのはコール市場の無担保コール翌日物の金利です。

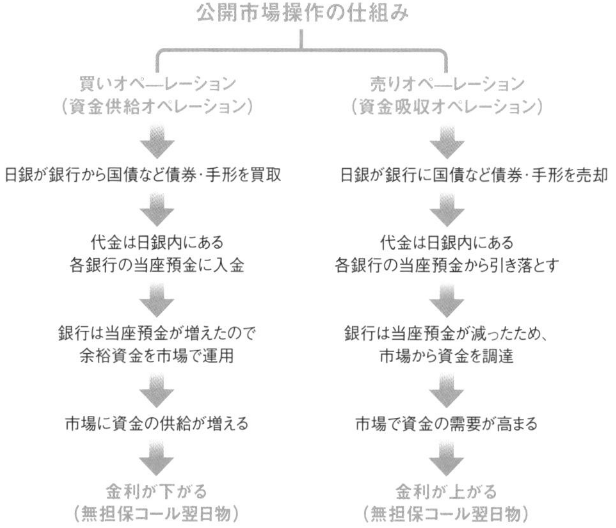

☑預金準備率操作

一般銀行は日本銀行に一定割合(準備率）の金額を預け入れることを義務づけられています。この準備率を上下させることで金融政策を実施する方法が預金準備率操作です。

08 経済政策は物価安定と経済成長が目的

金融政策の流れと財政政策

日本銀行と政府は、物価の安定と経済成長のために、景気や物価の状況を判断して、金利やマネーストックのコントロールを目標とし、公共投資などを行います。

金融政策の目的はインフレやデフレの進行を食い止めること

好景気になると物価が上昇しインフレが発生します。また会社の投資意欲が高まり、銀行貸出が増え、マネーストックが増えます。そこで金利を高める政策をとると投資意欲がそがれ、加熱した景気が抑制されます。また、日銀が市場へ債権や手形を売ってマネーストックを減らすこと（**売りオペレーション**）でも過熱した景気が抑制されます。デフレの場合は、逆に金利を下げる政策や**買いオペレーション**が行われます。

金融引き締めの流れ

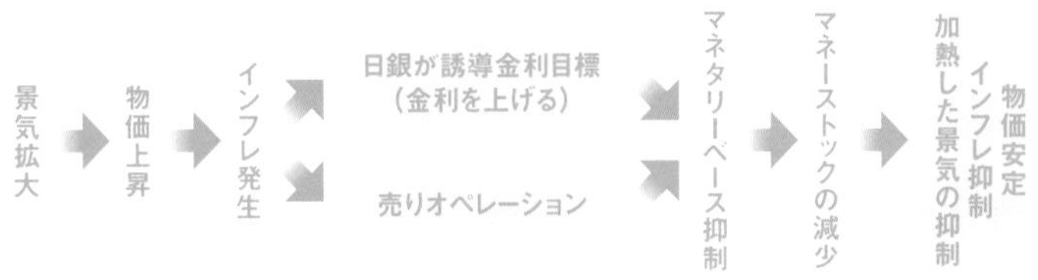

金融緩和の流れ

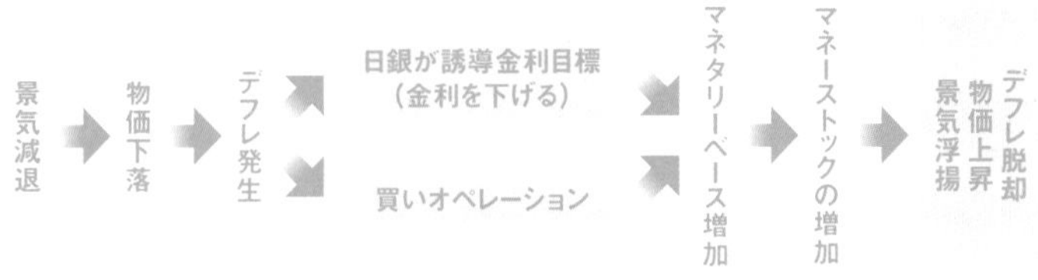

量的金融緩和は金利0%のときに行われる

不景気で、デフレが進行しているときには、無担保コールレートの翌日物の金利を低くする金融緩和が行われます。しかし、金利が0%になっても、不景気・デフレから脱却できない場合、金融緩和の目標を日本銀行内の各銀行の当座預金残高において、さらに金融緩和を行おうとします。これを**量的金融緩和**といいます。

量的金融緩和の流れ

マネタリーベースが増えると銀行は貸出を増加させることができます。それがさまざまな投資に使われ需要が増加し、景気浮揚・物価上昇・デフレ脱却につながります。

インフレターゲット

政府や中央銀行が物価上昇率の目標を決めて、それに合わせて金融政策を行うことです。多くはインフレを抑えるために実施されますが、デフレからの脱却を目指して行う場合もあります。

量的・質的金融緩和

量的緩和に加えて、買い入れの対象をすべての国債からETF（指数連動型投資信託）やJ-REIT（不動産投資信託）にまで拡大すること。

日本政府による経済政策

日本政府による経済政策を**財政政策**といいます。財政政策には、①公共投資、②減税・増税の2つがありますが、ともに国の財政に大きな影響を与えます。例えば景気を浮揚させようとするときは、公共投資を増やすか、減税を行いますが、どちらも国の財政を逼迫《ひっぱく》させます。

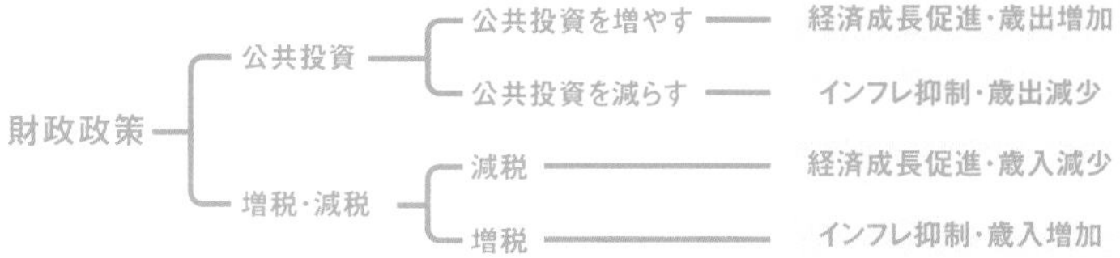

09 円高・円安は会社に大きな影響を与える

為替レートは需要と供給で変化

為替とは小切手や手形、銀行振込など現金を使わない決済手段のことをいいますが、その中でも海外の異なる通貨を交換決済することを**外国為替**といいます。

為替レートの変動が円高・円安を生む

異なる通貨は決められた比率によって交換することができます。例えば1ドル=100円なら、10ドルを日本円に交換すると1000円になります。この交換の比率が**為替レート**です。他の通貨より円の価値が上がるように為替レートが変動することを円高といい、逆に下がるように変動することを円安と言います。

為替レートの変化と円高・円安

1ドル=100円

1ドル=90円
1ドルと交換するためにより少ない円で済むようになった。これはドルに対する円の価値が相対的に上がったことになります。
↓
円高

1ドル=110円
1ドルと交換するためにより多くの円が必要に。これはドルに対する円の価値が相対的に下がったことになります。
↓
円安

☑変動相場制と固定相場制

日本のように為替レートを自由に変動させる仕組みのことを変動相場制といい、為替レートは外貨の需要と供給によって決まります。逆に為替レートを一定に保つ仕組みを固定相場制といいます。

円高になる理由と円安になる理由

円高になるかは円安になるかは、需要と供給で決まります。ドルを円に替えたいという人が増えれば、円高になり（相対的にドル安に）、円をドルに替えたいという人が増えれば円安（相対的にドル高に）なります。

円の需要が増える要因（ドルの供給が増える）	円の供給が増える要因（ドルの需要が増える）
アメリカへの輸出増	アメリカからの輸入増
アメリカからの観光客増	アメリカへの観光客増
アメリカからの投資増	アメリカへの投資増
アメリカ証券の売却	アメリカ証券の購入
ドルを円に交換する必要がある	円をドルに交換する必要がある
↓	↓
円高	円安

円高・円安が会社に与える影響

円高・円安の変化は会社にも大きな影響を与えます。円高になると輸出企業は、ドルで受け取った代金を今までよりも不利なレートで円と交換することになり、収益を下げてしまいます。収益を下げないように商品を値上げすると、海外での競争に負けてしまいます。

円高・円安が会社に与える影響

1ドル＝90円 1万ドルの商品 90万円	← 円高 ― 1ドル＝100円 1万ドルの商品 100万円 ― 円安 →	1ドル＝110円 1万ドルの商品 110万円
仕入値が10万円安くなる	輸入企業	仕入値が10万円高くなる
売上が10万円減る	輸出企業	売上が10万円増える

用語集

A

CD

→譲渡性預金を参照

GDP

国内で生み出された付加価値の総計。国内総生産。

MMF

公社債や短期の金融資産で運用される投資信託のこと。マネー・マネージメント・ファンド（Money Management Fund）の略。

MRF

公社債を中心に運用される投資信託のこと。マネー・リザーブ・ファンド（Money Reserve Fund）の略。

ROA

→総資産利益率を参照

ROE

→自己資本利益率を参照

あ

安全余裕率

売上があと何%下がれば利益がゼロになるかを表す指標。

粗利益

→売上総利益を参照

一年基準

貸借対照表において資産や負債の回収期間または返済期限が 1 年以内のものを流動、そのほかを固定とする基準。

インフレーション（インフレ）

物価が継続的に上昇すること。通貨の価値が下がる。

売上債権

売掛金や受取手形など、売上げた製品・商品やサービスの代金を受け取る権利。

売上原価

売上を得るために直接かかった費用。

売上総利益

売上高から売上原価を差し引いた利益。利益のおおもとになる。粗利益ともいう。

売上高

会社の本業から得た収益のこと。商品の単価×数量で計算できる。

売上高営業利益率

会社の収益性を調べる指標の1つ。会社の本業の力を見る。

売上高経常利益率

会社の収益性を調べる指標の1つ。会社の総合力を見る。

売上高総利益率

会社の収益性を調べる指標の1つ。会社の商品力を見る。粗利益率ともいう。

売上高伸び率

会社の成長性を見る指標。前期と当期の売上高の変化をとらえる。

売掛金

納品済みの商品やサービスのうち、受け取っていない代金の額。または受け取る権利。

営業利益

会社の本業で得た収益。売上総利益から販売費及び一般管理費を差し引いた利益。

か

買掛金

受領済み商品やサービスのうち、支払っていない代金の額。または支払の義務。

会社法

会社の設立や運営、組織に関するルールを定めた法律。従来の商法などを見直し、2006 年に施行された。

外部流出

利益の一部を会社外に支払うこと。株主への配当など。

貸倒
取引先の倒産によって売上代金などが回収できなくなること。
貸倒引当金
売掛金や受取手形のうち、回収不能なものの見込額。
株主資本等変動計算書
貸借対照表の純資産の部に記載された内容の変化を詳細に説明した決算書（財務諸表）の1つ。
間接費
商品に間接的にかかる費用。複数の商品に同時にかかる費用。
勘定科目
複式簿記で仕訳に使われる項目のこと。「現金」「預金」「売掛金」など。
キャッシュフロー計算書
一定期間の現金・預金の増減とその理由を示した書類。決算書（財務諸表）の1つ。
繰越利益剰余金
来年度に持ち越しになる利益。任意準備金や利益準備金を積み立てた余り。
黒字倒産
利益があがり黒字になっていても、現金が不足し、支払ができず倒産してしまうこと。
景気循環
好景気と不景気を繰り返す経済変動のこと。いくつかの周期がある。
経常利益
財務活動も含めた会社の利益。「ケイツネ」ということもある。営業利益に営業外収益を加え、営業外費用を差し引いたもの。
決算書
会社の業績をまとめた書類。財務諸表ともいう。主に貸借対照表・損益計算書・キャッシュフロー計算書からなる。
限界利益
売上が1単位増えるごとに増える利益。会社の内部に残る利益のもとになる。
減価償却
固定資産を耐用年数に応じて1年ごとに費用を分配して計上すること。
国内総生産
→ GDPを参照
固定資産
資金を回収できるまで1年を超える資産。土地や機械設備などの有形固定資産、特許権などの無形固定資産がある。
固定長期適合率
会社の安全性を見る指標の1つ。固定資産額が固定負債と自己資本の合計額内か確認。
固定費
売上の変化にかかわらず、常に一定額発生する費用。
固定比率
会社の安全性を見る指標の1つ。固定資産の総額が自己資本内で収まっているか確認する。
固定負債
返済期限が1年を超える負債。長期借入金や社債などがある。

さ

仕入原価
商品を仕入れるための費用。販売業における売上原価。
仕入債務
仕入に対する支払の義務。買掛金や支払手形など。
自己資本
→純資産を参照
自己資本比率
会社の安全性を見る指標の1つ。総資本に占める自己資本（純資産）の割合で、数値が高いほど安定性が高い。
自己資本利益率（ROE）
会社が自己資本（純資産）を有効に使って収益をあげているかを知る指標。数値が高いと、少ない自己資本で効率的に利益を上げている。

資産
現金を生み出すもとになる会社の財産。貸借対照表の資産の部で表示される。

資産インフレ
土地や株などの資産の価格が上昇するインフレのこと。

社債
会社が資金を調達するために発行する債券のこと。

純資産
設立時の資本金や利益の蓄積など、会社の資本のうち返済不要のもの。自己資本ともいう。

償還
債券などの元本が、事前に取り決めた日時に返済されること。

譲渡性預金（CD）
他人への譲渡が可能な定期預金。5000万円以上の高額なものがほとんどで会社が決済用に使う。

信用創造
銀行が貸出を行うことによって、預金通貨が増加する銀行の機能。

信用取引
商品やサービスに対する代金の授受を、信用関係にもとづいて後から行うこと。

ステークホルダー
会社内外の利害関係者。社内の従業員だけでなく銀行、取引先、株主などを含む。

正常営業循環基準
貸借対照表において資産や負債の、正常な営業活動で発生するものを流動、それ以外を固定とする基準。

総資産
流動資産と固定資産の合計。会社のお金の使い方を示す。貸借対照表の左側。

総資産利益率（ROA）
会社の収益性を見る指標。当期純利益と総資産の比率から，総資産がどの程度利益に結びついているかを確認する。

総資本
負債と純資産の合計。会社がお金をどのように調達したかを示す。貸借対照表の右側。

損益計算書
会社の一定期間の収益と費用、利益を一覧にした表。決算書（財務諸表）の1つ。

損益分岐点売上高
利益と損失の分かれ目になる売上高。損益分岐点売上高を超えると利益が出る。

た

貸借対照表
ある時点の会社の財産と、そのもとになった資金をまとめた決算書（財務諸表）の1つ。バランスシートともいう。

耐用年数
その資産が使用できると考えられる期間。法律で資産ごとに決められている。

棚卸資産
商品在庫や材料の在庫など会社が売上をあげるために保有している資産。

中央銀行
国の金融機構の中心となる銀行。銀行券の発行や金融機関への貸出を行う。

直接費
商品に直接かかる費用。材料費など、1つの商品ごとにいくらかかるかはっきり分かる費用。

デフレーション（デフレ）
物価が継続的に下落すること。通貨の価値が上がる。

デフレスパイラル
物価の下落が不景気を生み、不景気が物価の下落を生みというようにデフレがとめどなく続くこと。

当期純利益
会社のその期の最終的な利益。1年間の成果をあらわす。

当座資産
現金・預金、売上債権など現金に換えやすい資産のこと。

当座比率
会社の安全性を見る指標の1つ。流動負債に対して当座資産がどの程度あるかを確認する。

な

任意準備金
将来の決まった目的のために利益から積み立てておく資金。

日本銀行
日本の金融政策の役割を果たす中央銀行のこと。

は

ハイパーインフレ
1年に数倍という速さで進行するインフレ。

販売費及び一般管理費（販管費）
広告費など商品やサービスを販売するためにかかった費用と事務所の家賃など会社を管理するためにかかった費用。

引当金
あらかじめ将来発生する費用や損失のうち当期の費用とすべきものを合理的な見込額で貸借対照表に計上すること。

費用
売上をあげるために支払ったお金。資産が減少した原因。

付加価値
会計では会社の活動を通して高められた価値のこと。経済学では生産などの過程で生み出された価値のこと。

付加価値生産性
→労働生産性

複式簿記
会社の取引を原因と結果という2つの面をとらえて（仕訳）、記録する方法。

負債
借入金など将来返済する必要のある金額。他人資本ともいう。貸借対照表の右側。

物価
すべての商品やサービスの価格を平均的にとらえた価格水準。

不渡り
当座預金の残高が足りず、支払期日が到来した小切手や手形の支払ができないこと。

変動費
会社の売上の変化に合わせて増減する費用のこと。

ま

マネーストック
世の中に出回っているお金の総量。マネーサプライともいう。

マネタリーベース
日本銀行が金融機関に供給するお金の量のこと。

や

有価証券
株式や債券、手形など、財産を表す紙面そのものに価値があるもの。

有利子負債
利子を加えて返済する必要のある債務。借入金、社債、コマーシャルペーパーなど。

ら

利益準備金
法律によって社内に積み立てることが決められているお金。

流動資産
1年以内に現金に換えることのできる資産。

流動比率
会社の安全性を見る指標。流動負債に対する流動資産の比率を表す指標。会社の1年以内の支払能力を表し、数値が高いほど安全といえる。

流動負債
1年以内に返済期限がくる負債。買掛金や支払手形、短期借入金など。

連結決算書
子会社などのグループ全体を1つの会社として作成した決算書。

労働生産性
会社の社員1人あたりが作り出した付加価値。

労働分配率
生み出した付加価値に対する人件費の割合。

索引

[監修者プロフィール]

税理士法人 アイタックス

1982年7月開業の山内薫税理士事務所を母体として、愛知県一宮市に2018年7月設立。「自利利他の精神」を経営理念として、3名の税理士等の有資格者等総勢8名が、法人・個人の税務申告・経営支援、法人設立の他、相続税・贈与税の申告・相談業務を行っている。

有資格者：山内薫（税理士·行政書士）、服部充（税理士·公認会計士）、松尾勇武（税理士）

https://ai-tax.jimdofree.com/

[参考文献] 図解 会社の数字 基本と常識（西東社）／最新版 日本一やさしい決算書の学校（ナツメ社）／決算書はここだけ読もう 2020年版（弘文堂） 他

イラスト　イラストレーター鯱子（ORCA BABY）

デザイン　宮下ヨシヲ（サイフォン グラフィカ）

編　集　Bering Networks（ベーリングネットワークス）・安田卓馬（リベラル社）

編集人　伊藤光恵（リベラル社）

営業　大野勝司（リベラル社）

カバーイラスト提供　Venomous Vector/Shutterstock.com、GoodStudio/Shutterstock.com

編集部　渡辺靖子・堀友香・山田吉之

営業部　津村卓・津田滋春・廣田修・青木ちはる・澤順二・竹本健志

制作·営業コーディネーター　仲野進

※本書は2013年に小社より発刊した『図解 知識ゼロからやさしく学べる 会社の数字』を再編集したものです

図解「できる人」は数字に強い！ 武器になる 会社の数字

2020年8月29日　初版

編　集　リベラル社

発行者　隅田直樹

発行所　株式会社 リベラル社

〒460-0008 名古屋市中区栄3-7-9 新鏡栄ビル8F

TEL 052-261-9101　FAX 052-261-9134　http://liberalsya.com

発　売　株式会社　星雲社（共同出版社·流通責任出版社）

〒112-0005 東京都文京区水道1-3-30

TEL 03-3868-3275

ISBN978-4-434-27863-1